LA ALIANZA DE AMOR CON MARÍA

Queridos Marcos y Sandra, con mucha alegría en este comenzar de sellar el año de Alianza de amor con la Mater, le pedimos a nuestro Señor y a la Mater que los siga llenando de esa humildad y servicio que los caracteriza para seguir llevando la luz de Cristo a donde vayan. Con mucho cariño en Cristo Jesús. Edgar y Katiya

5/5/2022

MADRE TRES VECES ADMIRABLE DE SCHOENSTATT

Luigi Crossio, s.XIV

Cuaderno de Formación Nº 11

LA ALIANZA DE AMOR CON MARÍA

Vicente Valdés 644, La Florida Santiago, Chile
Email: gerencia@patris.cl
www.patris.cl

Número de Inscripción: 114.598
ISBN: 956-246-216-1
1ª ed. Junio, 2000 - 2ª ed. Marzo, 2001
3ª ed. Marzo, 2002 - 4ª ed. Marzo, 2003
5ª ed. Abril, 2005

ISBN: 978-956-246-317-1
6ª ed. Marzo, 2007 - 7 ª ed. Junio, 2008
8 ª ed. Marzo, 2010 - 9 ª ed. Abril, 2011
10 ª ed. Julio, 2012 – 11ª ed. Mayo, 2013
12ª ed. Junio, 2014 – 13ª ed. Marzo, 2015
14ª ed. Marzo, 2016 – 15ª ed. Febrero, 2017
16ª ed. Abril, 2018 – 17ª ed. Febrero, 2019
18ª ed. Agosto, 2020 – 19ª ed. Febrero 2021
20ª ed. Febrero 2022

Imprenta:
Editora e Imprenta Maval SPA
Febrero, 2022

P. RAFAEL FERNÁNDEZ DE A.

LA ALIANZA DE AMOR CON MARÍA

CUADERNO DE FORMACIÓN Nº 11

Presentación

El tema de la Alianza de Amor recorre toda la historia de salvación. Dios se acerca a Israel y lo llama a sellar con él una alianza. Ante la infidelidad del pueblo escogido, Dios promete una nueva alianza. Es Cristo Jesús, el Verbo de Dios hecho carne, quien establece esta alianza nueva, sellándola con su sangre. En él la alianza se hace eterna y definitiva. Por el sacramento del bautismo nos incorporamos a ella y pasamos a formar parte del nuevo pueblo de la alianza que es la Iglesia.

El Movimiento de Schoenstatt ha hecho de la alianza el centro de su espiritualidad. La ha asumido integralmente y de forma original. Quiere vivir la alianza en María y como ella. Su camino de alianza está profundamente marcado por la persona y la experiencia de su fundador, el Padre José Kentenich.

El presente libro busca introducirnos en el mundo de la alianza tal como la vivió el Padre Kentenich. Su vida entera está traspasada por un íntimo amor a María. Toda su obra es fruto de ese amor a la santísima Virgen, a quien siempre vio estrechamente unida a Cristo y a su obra redentora.

Estamos convencidos de que el Dios providente regaló el don de la alianza de amor con María no sólo al fundador de Schoenstatt y a su Familia. Lo que la Virgen ha hecho surgir en su santuario de Schoenstatt, tiene como meta alimentar la vida de la Iglesia y fortalecerla en un tiempo de radical cambio cultural como hasta ahora no se había experimentado. Por eso este libro está destinado tanto a aquellos que tienen la intención de formar parte de la Familia de Schoenstatt, como también a todos los que quieran compartir el don que Dios y María ha regalado en ella.

¿En qué consiste la alianza de amor? ¿Cómo vivir la espiritualidad de la alianza y plasmar nuestra vida a partir de ella? ¿Cuál fue la experiencia mariana del Padre Kentenich? En los capítulos siguientes tratamos de responder a éstas y otras preguntas semejantes.

La orientación general de este texto posee un carácter marcadamente pastoral. Quiere servir a la vida, mostrando caminos concretos y prácticos a cuantos buscan adentrarse en la espiritualidad de la alianza de amor con la santísima Virgen María. A ella dedicamos este trabajo y a ella imploramos que nos conduzca al corazón de Cristo y a un compromiso alegre y decidido con su obra.

El autor

peribit

Capítulo 1

En qué consiste la alianza de amor

Han sellado una Alianza contigo:
se conserve firme como fundida en bronce;
entonces los sé bajo un seguro y fiel amparo
y no temo la furia salvaje del diluvio.

Victoriosamente conducirás a todos hacia el hogar,
al Padre, para que entonen cánticos al Cordero.
Creo firmemente que nunca perecerá
quien permanece fiel a su Alianza de Amor.

(HP, 533-534)

María y su unión a Cristo

***Según el plan de Dios, en María "todo está referido a Cristo y todo depende de él"* (MC 25)*. Su existencia entera es una plena comunión con su Hijo. Ella dio su sí a ese designio de amor. Libremente lo aceptó en la anunciación y fue fiel a su palabra hasta el martirio del Gólgota. Fue la fiel acompañante del Señor en todos sus caminos. La maternidad divina la llevó a una entrega total. Fue un don generoso, lúcido y permanente. Anudó una historia de amor a Cristo íntima y santa, única, que culmina en la gloria.* (DP II, n. 292)**

peribit

En qué consiste la alianza de amor

1. Introducción

La alianza de amor con María constituye lo más profundo de la espiritualidad de Schoenstatt. Ello corresponde y está en armonía con la trama central de la espiritualidad bíblica. En el Antiguo Testamento, Dios sella una alianza con su Pueblo, alianza que en Cristo Jesús se hace nueva y eterna.[1] Y a la cual nosotros nos incorporamos por medio del bautismo.

El carisma del fundador de Schoenstatt, el Padre José Kentenich, es un carisma marcadamente mariano. Dios le confió en forma singular el misterio de María, que él vivió y proclamó con gran ardor y conciencia de misión. Su amor a la Virgen María se expresó y tomó forma en una alianza sellada con ella en el pequeño santuario de Schoenstatt.

Este libro quiere mostrarnos caminos para la comprensión de la alianza de amor en Schoenstatt e invitarnos a hacerla nuestra. Iniciamos nuestras reflexiones con una descripción fenomenológica de la alianza, para luego, en un segundo capítulo, abordar el mismo tema en forma más sistemática. En los capítulos posteriores nos detendremos en la originalidad de la alianza de amor en Schoenstatt, ejemplarizada especialmente en la vida del fundador. En un último capítulo mostraremos más de cerca lo que durante todo este trabajo está en el trasfondo: la alianza según la Biblia.

---

1 Terminológicamente es importante tener claro que las palabras *testamento* y *alianza* son sinónimas. De hecho, cuando nos referimos al Antiguo y al Nuevo "Testamento", estamos hablando de la Antigua y Nueva Alianza. Alianza en hebreo se dice *berit.* Los traductores griegos tradujeron esa palabra por *diateke*, que en lengua popular helenística significaba *testamentum.* Por eso las versiones latinas de la Biblia tradujeron también *berit* (que en latin propiamente equivale a *foedus*) por *testamentum.* De allí la denominación de Antiguo Testamento para significar la alianza que Yahvéh concluyó con Israel, en contraposición al Nuevo Testamento, la alianza fundada y sellada por Jesús.

En qué consiste la alianza de amor

Hemos elegido este camino a fin de hacer más fácil y más vital la comprensión de la alianza.

Para comprender en qué consiste la alianza bíblica o la alianza con María, primero es conveniente referirnos a la alianza a partir de nuestra experiencia de alianza en el plano natural. Pues no podemos hablar de Dios haciendo abstracción de nuestro mundo de vivencias. Las verdades de la fe se expresan en términos que provienen de nuestra experiencia y que por ello están cargadas de contenido vital.

Si la Biblia nos dice que Dios es Padre, esa palabra "padre", la comprendemos en el trasfondo de nuestra experiencia de paternidad y filialidad en el orden natural. Si decimos que Cristo es la Luz del mundo y fuésemos ciegos de nacimiento, no lograríamos captar plenamente de qué se nos está hablando. Tendrían que expresarnos esa verdad con otras palabras. Solamente si hemos podido ver y sentir la luz, podemos imaginarnos qué significa que Cristo Dios es *la luz* del mundo.

2. Qué expresa el término "alianza"

Establecer una alianza significa unir fuerzas, asociarse, para emprender una tarea u obtener algún beneficio. La alianza como tal es el compromiso que se sella entre dos o más personas que mancomunan sus fuerzas e intereses con un fin común. Los aliados conforman así una especie de confederación. *Foedus* en latín significa alianza. Confederados quiere decir aliados.

La definición más específica la da el segundo término: hablamos de una alianza *de amor*. No se trata de cualquier pacto o asociación, que une fuerzas para emprender una acción, para realizar algo que puede significar un beneficio o un determinado lucro. Cuando hablamos de alianza de amor, nos referimos a algo mucho más profundo, personal y vital.

Hablamos de un compromiso que involucra esencialmente nuestro corazón. Otro tipo de pactos o alianzas miran más bien hacia algo extrínseco. Aquí no nos referimos a algo externo a nosotros o impersonal. La alianza de amor nos involucra por entero; es un compromiso que brota de una voluntad libre de donación del uno al otro. *Toda relación de amor bilateral constituye una alianza.* Si se sella una amistad, se está sellando una alianza; si se está contrayendo un compromiso esponsal, se está sellando una alianza de amor.

Desde esta perspectiva nos preguntamos, entonces, qué experiencias de alianza de amor tenemos en el plano natural. Básicamente se trata de tres: la relación de amistad; la relación esponsal y la relación paterno-filial.

3. Diversas formas de alianza en el plano natural

3.1. La amistad

El amigo fiel es seguro refugio,
el que le encuentra, ha encontrado un tesoro.
El amigo fiel no tiene precio,
no hay peso que mida su valor.
El amigo fiel es remedio de vida,
los que temen al Señor le encontrarán.
El que teme al Señor endereza su amistad,
pues como él es, será su compañero.

(Si 6:14-17)

Cada uno de nosotros ha tenido experiencias de amistad. Se dice que el tesoro más grande que existe es un amigo verdadero, ¡y qué cierto es esto! Qué riqueza mayor que la de encontrar a alguien a quien podamos llamar amigo, con quien siempre tenemos la seguridad de contar; quien siempre está dispuesto a ayudarnos y quien también puede contar con nosotros en toda circunstancia. ¡Qué hermoso es encontrar a alguien de quien estamos seguros que nos será leal, que siempre nos será fiel!

La amistad es ese lazo que nos hace sentirnos atados al otro desde dentro. "Domestícame", dice el zorro al Principito. "¿Qué es domesticar?", pregunta a su vez el Principito. "Es crear lazos. Si tú me domesticas, ya no seré un zorro más entre miles de zorros que existen".

Séneca se pregunta: "¿Por qué te procuras un amigo?". Y se contesta: "Por tener a alguien por quien pueda morir, por tener a quien seguir en el destierro, por salvar a alguien de la muerte oponiendo la mía."

En qué consiste la alianza de amor

La amistad nos hace salir de nosotros mismos y proyectarnos hacia un tú. Nos hace abrirnos hacia otras realidades y compartir con el amigo nuestra riqueza y recibir de él sus tesoros. Por el amor a mi amigo empezamos a amar lo que antes no nos llamaba la atención. Hacemos nuestro su mundo. Se produce entonces un verdadero intercambio y un diálogo profundo de corazones.

Aristóteles afirma: "Consistiendo la amistad más bien en amar que en ser amado, y siendo a nuestros ojos, dignos de alabanza los que aman a sus amigos, parece que amar debe ser la gran virtud de los amigos". Jesús dice: "No hay amor más grande que dar la vida por los amigos" (Jn 15, 13).

No cabe duda, entonces, que la amistad es una alianza de amor. Es un compromiso de amor libre y gratuito.

Laín Entralgo, un gran pensador y filósofo español, define la amistad en forma muy hermosa. Dice: la amistad es una especie de benevolencia, de beneficencia y de confidencia. Consiste en dejar que el otro sea como es y en ayudarle cuidadosamente a ser lo que debiera ser.

La amistad es una suerte de misterio que comprende, en primer lugar, la *benevolencia,* esa especie de empatía que se siente por alguien; un querer bien al otro, una sintonía del corazón con el tú. La amistad es ese vínculo lleno de afecto que se caracteriza por la gratuidad y la libertad. Nadie nos obliga a ser amigos.

Por otra parte, pertenece esencialmente a la amistad no permanecer guardada en el interior del corazón. Se expresa y manifiesta en la *beneficencia:* tiende a mostrarse en el servicio, en el acceder a los deseos del tú y la voluntad de agradarlo.

La amistad implica cierta *confidencia* o "complicidad" entre las personas. Existe una comunicación interior y una disposición a compartir las penas y alegrías con la persona amiga. ¡Qué reconfortante es contar con alguien ante quien no tenemos que defendernos ni precavernos; ante quien podemos darnos sin máscaras, porque sabemos que nos acoge tal cual somos y que nos comprende más allá de las palabras!

Laín Entralgo continúa su definición diciendo que la amistad consiste en dejar que el otro sea quien es y en ayudarlo cuidadosamente, respetuosamente, a que llegue a ser aquello que debería ser. Es decir, amistad significa dejar que el otro exista tal como es; quererlo en lo que es. En la verdadera amistad no existe una voluntad de manipular al tú. Sí hay clarividencia: la amistad no nos ciega; no significa que no veamos al otro en su realidad, y que, en esa realidad, no veamos muchas cosas que están mal y que habría que cambiar o educar. Pero la amistad posee la facultad de ayudar con respeto, con cuidado, sin herir, a que el otro crezca, que se desarrolle o que cambie.

Cicerón definía la amistad diciendo: "En esto consiste la verdadera amistad, en querer y rechazar las mismas cosas" *(idem velle idem nolle, id est vera amicitia).* Es una definición clásica de la amistad. Querer lo mismo: los amigos siempre se unen en querer lo mismo y en rechazar también lo mismo. La amistad es una especie de semejanza, a veces incluso en las formas exteriores. Cuando dos personas son amigas, andan siempre juntas, quieren lo mismo, tienen los mismos gustos, los mismos planes. Eso genera un asemejamiento o parentesco espiritual mutuo. De allí el dicho popular "dime con quien andas y te diré quien eres".

La amistad nace de una cierta igualdad y desigualdad. No pueden ser amigas personas que sean enteramente diferentes. De alguna manera tiene que darse un puente, una igualdad. Pero también hay una desemejanza que se expresa en una atracción mutua, en una voluntad de dejarse complementar por el tú.

¿Cómo crece la amistad? *La amistad crece en el contacto, en el diálogo.* Si dos amigos nunca conversaran, se irían separando, su relación se enfriaría. De alguna manera, los amigos tienen que estar en contacto; necesitan cultivar el diálogo. Y ese diálogo se da de diversas formas: con muchas palabras o, a veces, con muy pocas palabras, o simplemente sólo con un gesto. Hay un lenguaje que siempre mantiene en contacto a los amigos.

Pero algo más hace crecer la amistad: el sacrificio, la prueba, la capacidad de sacrificarse por el amigo. Cuando alguien no ha demostrado, de una u otra forma, que es capaz de renunciar a sí mismo, a sus gustos o a su propio provecho por su amigo, todavía no sabemos si verdaderamente es su amigo.

La amistad crece en las pruebas. La amistad se da en las buenas y en las malas, pero se prueba especialmente en los momentos difíciles. Es ahí donde se muestran los amigos. Normalmente, no son muchos.

La verdadera amistad nunca trata de acaparar al otro. Quizás en ciertos períodos iniciales ello puede suceder, pero como un paso hacia una amistad más perfecta. Cuando una persona rechaza a los amigos del amigo, su amistad no es una verdadera amistad, es egoísmo. El afán de acaparar al otro, de tenerlo siempre consigo y para sí, es simplemente egoísmo. La amistad acepta al tú integralmente, en sí mismo y en sus relaciones.

La amistad no reconoce edades, sexos, nacionalidades ni condiciones. Vence todos los prejuicios y quiebra todas las barreras, incluso las más infranqueables. Aún allí donde menos se esperaba florece con gran vigor.

La amistad puede darse entre personas de diferente edad, aunque normalmente se da entre iguales. Es un compromiso de amor que se prueba en cada circunstancia de la vida, especialmente en los momentos difíciles. Por esencia es fiel, a prueba del tiempo y de la distancia.

Cuando recurrimos a las vivencias de amistad que hemos tenido se nos hace más vital el contenido de la palabra "alianza", pues la alianza es una especie de amistad. El Señor llamó "amigos" a sus discípulos. Con ello indicaba que la alianza sellada con su sangre, los situaba en una nueva relación con él. San Pablo expresa en esta misma dirección algo semejante: "Ya no sois extraños ni forasteros –les dice a los filipenses– sino conciudadanos de los santos y familiares de Dios" (Ef 2:19). En otras palabras, somos "amigos" de Dios pues Cristo restableció la amistad que habíamos perdido con él a causa del pecado.

En qué consiste la alianza de amor

La alianza de amor con María sella una amistad especial con ella. La alianza con ella es un compromiso de amor libre y gratuito. Por la alianza tenemos derecho a estar en su corazón, ¡y qué extraordinario es poder tener nuestro hogar y nuestro lugar de reposo en el corazón de María! ¡Qué hermoso es tener como confidente a María quien siempre nos escucha, que nunca nos rechaza, aunque hayamos pecado o cometido un error o hayamos fallado! Ella siempre será benevolente con nosotros; ella está a nuestro favor. ¡Qué grande es saber que hay alguien que nos comprende y que también sabe exigirnos; que su amor no es un amor que nos consiente sino un amor que nos exige, precisamente porque nos ama! Y como nos ama mucho, ¡también nos sabe exigir mucho!

Como toda amistad, la alianza de amor con María crece en la medida en que mantenemos un contacto personal con ella. Es decir, en tanto cuanto aprendemos a dialogar con ella. Y cuando llegue la hora de la prueba, de la renun-

Preguntas para la reflexión personal

- **¿Qué es la amistad para mí? ¿Qué experiencia he tenido de una amistad?**
- **¿Cuáles han sido las grandes amistades de mi vida?**
- **¿Se dan en ellas las características de benevolencia, beneficencia y confidencia? ¿Cómo se expresan?**
- **¿Qué cosas han contribuido más a su gestación y profundización?**
- **¿Por qué se ha roto o enfriado alguna amistad que he tenido?**
- **¿Cómo es mi amistad con Jesús o con María?**
- **¿Qué elementos de una verdadera amistad descubro en mi relación con ellos?**

cia y de la cruz, entonces crecerá y se purificará nuestro amor a ella y la sentiremos más cerca que nunca.

3.2. La relación esponsal

> Yo la llevaré al desierto y le hablaré a su corazón. Allí ella responderá como en los días de su juventud, como el día en que subía del país de Egipto. Yo te desposaré conmigo para siempre; te desposaré conmigo en justicia y en derecho, en amor y en compasión, te desposaré conmigo en fidelidad, y tú conocerás al Señor. *(Os 2:16b,21-22)*

No debe extrañarnos que en la Sagrada Escritura constantemente se recurra a la analogía con el amor esponsalicio para describir la alianza de amor de Dios con su pueblo. Leemos, por ejemplo, en el profeta Oseas:

> Por eso yo la voy a seducir: la llevaré al desierto y hablaré a su corazón. Le daré luego sus viñas, convertiré el valle de Akor en puerta de esperanza; y ella me responderá allí como en los días de su juventud, como en el día en que subió del país de Egipto. Y sucederá aquel día, oráculo de Yahvéh, que ella me llamará: "Marido mío", y no me llamará más "Baal mío". Yo quitaré de su boca los nombres de los Baales y no se mentarán más sus nombres (...)
>
> Yo te desposaré conmigo para siempre; te desposaré conmigo en fidelidad, y tú conocerás a Yahvéh. *(Os 2, 16-19; 21-22)*

"Tú conocerás a Yahvéh", porque yo me uno a ti, tal como se une un esposo a su esposa, porque yo te elijo a ti y me desposo contigo en fidelidad y ternura, por eso tú vas a llegar a saber quién soy yo, pues sólo el amor es capaz de un conocimiento profundo y personal.

Son muchos los pasajes donde se habla en la Sagrada Escritura de la alianza de Dios con Israel bajo la analogía del amor esponsal. Así, la ruptura de la alianza equivale a la prostitución de la virgen de Israel, de la hija de Sión, que deja a Yahvéh y se va en busca de los Baales, es decir, de los ídolos:

En qué consiste la alianza de amor

> Yo conozco a Efraín, e Israel no se me oculta. Sí, tú te has prostituido, Efraím, e Israel se ha mancillado. No les permiten sus obras volver a su Dios, pues espíritu de prostitución hay dentro de ellos, y no conocen a Yahvéh. *(Os 5, 3-4)*

Es significativo el hecho que san Pablo en la epístola a los Efesios (cf.c. 5: 21-23), muestre la unión de los esposos en íntima relación a la unión de Cristo con la Iglesia. ¿Cómo debe amar el marido a su esposa?, como Cristo ama a su Iglesia. ¿Cómo ama Cristo a su Iglesia?, como el esposo ama a su esposa. El misterio del sacramento del matrimonio consiste precisamente en ser signo e imagen sensible de la unión esponsal de Cristo con su Iglesia, su esposa.

A partir de esta analogía podemos decir entonces que la alianza de amor consiste en un pacto de amor entre dos personas que se entregan para siempre y libremente la una a la otra; cuya riqueza reside precisamente en esa mutua pertenencia o consagración del uno al otro. En esa unión los esposos son fecundos, proyectándose en los hijos y forjando juntos una familia.

La *relación esponsal* constituye una auténtica alianza de amor. El *amor esponsalicio* consiste en una entrega mutua de un hombre y una mujer que se dan totalmente el uno al otro, con entera libertad, con cuerpo y alma, por amor y para siempre. Esa mutua entrega o alianza de amor, los lleva a ser un solo corazón y una sola alma, generando una identificación mutua en una inefable comunidad de vida, de gozo, de anhelos y de cruz, que se prolonga en los hijos, que son el fruto del amor que los une.

La alianza esponsal nos habla de un pacto más profundo que el que se da entre los amigos. Es un pacto que lleva a jugarse por entero el uno por el otro; donde ninguno de los cónyuges se considera aisladamente, sino siempre en, con y para el otro. Entre ambos existe una gozosa pertenencia mutua, de carácter exclusivo o privativo. Está excluido todo amor "paralelo" a la relación esponsal. Sólo tiene cabida un amor subordinado o dependiente de éste. Todo se enfrenta juntos; los esposos se aventuran juntos en todo.

En qué consiste la alianza de amor

El amor esponsal nos abre así una valiosa puerta para comprender más viva y existencialmente nuestra alianza con Dios, y con ello, nuestra alianza con María.

En la alianza sellada en el plano sobrenatural, se da una realidad semejante a la que existe entre los esposos: una elección libre, una donación íntima, mutua y personal; una singular comunidad de vida, de tarea y de destinos.

¿Qué elementos de la alianza de amor esponsal encontramos en la alianza con Dios y con María? Sin duda, en primer lugar, la entrega de amor libre y por entero del uno al otro para siempre. Tienen de común esa pertenencia mutua que lleva a ser uno espiritualmente, a vivir uno en el otro, con el otro y para el otro.

Podemos decir entonces, basados en esta analogía, que la alianza con María es un pacto de amor mutuo, por el cual nos entregamos plena y libremente a ella y ella nos recibe a nosotros en su corazón para siempre. Esa alianza funda una comunidad de vida, de intereses y de misión con la santísima Virgen.

Preguntas para la reflexión personal

- **Si no soy casado, ¿cómo desearía que fuese la relación con mi cónyuge?, ¿qué sería lo más importante para mí?**
- **Si soy casado, ¿cuáles han sido en nuestra vida matrimonial las cosas que más han distinguido nuestra relación de esposos?**
- **¿Qué ha sido lo que más ha influido en la mantención y profundización de nuestro amor esponsal?**
- **¿Cuáles han sido aquellas cosas que han debilitado su vitalidad?**
- **¿En nuestra vida matrimonial cultivamos una verdadera comunidad de gozo, de anhelos, de cruz? ¿Nos jugamos el uno por el otro? ¿En qué momentos lo hemos experimentado especialmente?**

3.3. La relación paterno-filial

En efecto, todos los que son guiados por el Espíritu de Dios son hijos de Dios. Pues no recibisteis un espíritu de esclavos para recaer en el temor; antes bien, recibisteis un espíritu de hijos adoptivos que nos hace exclamar: ¡Abbá, Padre! El Espíritu mismo se une a nuestro espíritu para dar testimonio de que somos hijos de Dios.

Y, si hijos, también herederos: herederos de Dios y coherederos de Cristo. *(Rom 8:14-17)*

En el Antiguo Testamento, pero más todavía en el Nuevo Testamento, la relación de Dios con el hombre se expresa en la analogía de la relación paterno-filial. En Cristo esa relación adquiere una realidad que va mucho más allá de lo humanamente imaginable. El misterio de nuestra unión a Cristo Jesús consiste en que en él somos verdaderamente hijos de Dios Padre. No sólo Dios Padre nos trata y nos ama al modo como un padre ama a sus hijos, sino que de verdad somos auténticos hijos suyos en Cristo. Esa es la Buena Nueva que anuncia el Señor. La antigua alianza se hace en Cristo una alianza nueva marcadamente paterno-filial.

Dice san Juan: "En esto consiste el amor: no en que nosotros hayamos amado a Dios sino en que él nos amó y nos envió a su Hijo como propiciación por nuestros pecados... Nosotros amamos porque él nos amó primero" (1Jn 4, 10-19). En la relación paterno-filial no se da una mutua elección de dos personas que se encuentran en un cierto plano de igualdad, como sucede en la amistad y, sobre todo, en la alianza esponsal. En el amor paterno o materno-filial, es el padre o la madre quien ama primero. Su amor es el que suscita y hace nacer como respuesta el amor del hijo.

El amor de los padres siempre es el que toma la iniciativa. Incluso el hijo ya es querido y amado antes de que nazca. Antes que ese niño pueda conocer y amar, ya es amado intensamente por sus padres. ¿Qué hace el hijo? Percibe ese amor, lo siente, lo recibe lleno de gratitud y lo responde con cariño y dependencia filial.

El carácter de "alianza" de la relación paterno-filial viene del hecho que esa relación no se basa sólo en una realidad biológica: en que el hijo es engendrado por el padre y la madre, sino en que ese vínculo, basado en el ser engendrado, es asumido libremente y con amor. El padre no sólo reconoce haber engendrado al hijo, sino que asume la responsabilidad por él, y el hijo, por su parte, asume la dependencia filial del padre.

Siendo nosotros pequeños, una nada ante la grandeza del Dios uno y trino, él nos trata, sin embargo, como personas libres. El ha querido sellar con nosotros una alianza mutua y libre. Pero esa alianza, de nuestra parte, es profundamente filial. De allí que –como dice el Evangelio– si no llegamos a convertirnos interiormente como los niños, no entraremos en el reino de los cielos.

Nuestra alianza de amor con Dios Padre y, de modo semejante, con María, posee marcadamente ese carácter filial. Aunque seamos adultos, nuestra relación con Dios es como la de un niño pequeño con su padre. Es una relación mutua e íntima de padre a hijo; una relación que siempre, de parte del hijo, es respuesta a quien "nos amó primero".

El P. Kentenich siempre destacó que nuestra alianza con María posee un claro carácter filial. Se funda en el hecho de que María es nuestra madre en el orden sobrenatural. Ella nos engendra, alimenta y educa en la fe. Ella también nos amó primero. Por eso es errado pensar que nosotros, para sellar la alianza con ella, primero debemos "merecerlo", como si el amor de una madre estuviese condicionado a lo bien que se porta el hijo. El amor de Dios y de María no se merece, sino que se recibe como un regalo. Nuestro mérito consiste en abrirnos a ese don y cooperar con él, respondiendo al amor con amor.

Teniendo presente esta realidad es comprensible que la carencia de vivencias positivas de paternidad y maternidad dificulte y entorpezca el desarrollo de una auténtica relación filial con Dios y con María. Por el contrario, si contamos con una relación positiva en el plano natural, nos será mucho más fácil y expedito el camino hacia el encuentro con Dios como Padre y con María como nuestra madre.

Mirando más de cerca esta relación paterno-filial en el orden natural podemos alcanzar, por lo tanto, una mejor captación de la alianza de amor.

El amor de los padres es un amor gratuito y desinteresado, capaz de generar amor como respuesta: un amor filial, de entrega confiada y llena del afecto de quien se sabe amado y enaltecido por el amor de sus padres.

Los lazos de amor paterno y materno con el hijo son entrañables e increíblemente profundos, íntimos, llenos de solicitud y entrega, de admiración y alegría. El niño se puede abandonar con plena confianza, porque se sabe querido; está dispuesto a seguir las indicaciones de sus padres pues sabe que ellos sólo buscan su bien.

El hijo sabe que cuando sus padres lo corrigen, lo hacen por amor y por su bien. Por eso su entrega confiada; por eso su seguridad y su paz, pues sabe que sus padres están allí, velando por él y preocupados de él. Cuando el hijo experimenta la autoridad de los padres como una autoridad de amor y de servicio, no teme a esa autoridad, sino, al contrario, se dispone filialmente a obedecer y a hacer lo que éstos le pidan.

Estas realidades que se dan en el orden natural adquieren una nueva dimensión y profundidad en el orden sobrenatural. La alianza de amor con María es siempre un regalo gratuito de Dios. Así como el niño no "merece" su existencia, sino que la recibe como don de Dios y de sus padres, así lo que María nos pide es abrirnos a su amor; recibirla en nuestro corazón tal como ella nos tiene en el suyo.

El vínculo que une a la santísima Virgen con nosotros es un vínculo materno, poderoso, lleno de solicitud por nosotros. ¡Cuán liberador es saber que ella nos ama; que su amor de madre es sin condiciones! Más aún, mientras más pequeños nos sepamos y reconozcamos, más derecho tenemos a su cariño y cuidado materno.

Somos sus hijos pequeños, pero a la vez, grandes y responsables. Ella no descansa hasta que en nosotros resplandezca en la mayor plenitud posible la faz de su Hijo. Su tarea es hacer que Cristo nazca en nosotros, que nos conformemos según su imagen y que lleguemos a ser instrumentos aptos en su mano.

Resumiendo

Podríamos continuar analizando y admirando la maravilla del amor humano. Todo ese amor es un pequeño reflejo del amor que Dios nos tiene, porque Dios es amor y nos hizo a su imagen y semejanza.

Los lazos de amor humano, los lazos de la amistad, del amor esponsalicio, del amor paterno-filial, nos dan una cierta idea de cómo ama Dios y cómo él quiere que lo amemos.

La psicología del amor humano no puede ser muy diferente a la del amor sobrenatural, pues es una misma persona la que ama. Por eso Dios nos revela su amor en el Antiguo y Nuevo Testamento bajo las formas del amor humano. Como dijimos al inicio, la trama central de la historia de salvación es la "alianza de amor" que Dios sella con el hombre, en la cual él se revela como esposo amante (ver, por ej. Os 2, 21 ; Is 62, 5; Mt 9, 15, etc.), como padre (Jr 31, 9; Mt 7, 11; Gál 4,6, etc.) y como amigo (Jn 15, 13-14), llamándonos en definitiva a ser uno en el amor a través de Cristo Jesús.

En el Nuevo Testamento, donde Cristo nos revela el misterio del Padre Dios, aparece en primer plano la *relación paterno-filial.* En Cristo, el Hijo Unigénito, podemos amar a Dios como Padre y sentirnos y sabernos amados y acogidos por él como auténticos hijos suyos. El bautismo sella esa alianza de amor paterno-filial.

Nuestro amor a María participa de esta misma realidad. Desde lo alto de la cruz, Cristo nos regala a María como auténtica Madre nuestra, y nos invita a que, tal como lo hizo el discípulo amado, nosotros también la acojamos en nuestra casa y en nuestro corazón.

Preguntas para la reflexión personal

- ¿Cómo he vivido yo la relación con mi padre?
- ¿Ha sido positiva? ¿Cuáles son sus notas más relevantes?
- ¿Ha sido negativa? ¿En qué se muestran especialmente sus carencias?
- En la relación con mis padres ¿qué experiencias de amor gratuito recuerdo? ¿Cómo marcaron mi vida?

Textos del padre Kentenich

Alianza de amor y hombre moderno

La consagración a María encierra una suerte de fusión de las personalidades. Vence la despersonalización arraigada en la masificación. Entrelaza del modo más íntimo y personal, por el amor, una persona con la otra, con la ventaja consecuente para ambos. Ciertamente se trata aquí de impenetrables misterios del amor que, para la gran mayoría de nuestros contemporáneos, son un libro con siete sellos. El hombre masificado, en todas sus formas, es demasiado cómodo para amar verdaderamente. Le hace falta también la profundidad, el calor y la fidelidad necesarias para ello. No se da el trabajo de conquistar y quiere recibir, no le gusta sentirse religado al tú ni cultivar pacientemente un amor. Eso no lo soporta su activismo. Sólo quiere gozar, gozar y gozar. Le falta así el punto de comparación para percibir lo que significa perder el núcleo de su propia personalidad al ser arrastrado por el colectivismo masificante, y lo que significa, por otra parte, la redención de la personalidad a través de un auténtico y verdadero amor personal. Este amor tiene su expresión cumbre en una misteriosa unidad de vida y fusión de corazones. Regala una maravillosa transmisión de vida, enriquece al tú. Si es recibido correctamente, fortalece el núcleo de la propia personalidad en tal forma que normalmente resultaría imposible lograrlo.

(Josef Brief, 1952)

Textos del padre Kentenich

La santísima Virgen salva del peligro que despersonalicemos a Dios. Piensen lo que significa que su persona me salva de caer en una relación impersonal con Dios. Ustedes no se imaginan cuán impersonalmente es amado Dios. En este contexto tal vez pueden comprender mejor esa afirmación clásica: el camino que pasa por María es el camino más fácil, más seguro y más corto para alcanzar una intimidad con Cristo y un estar poseído de Dios.

(Semana de Octubre, 1950)

El sentido de nuestra vida

¿Para qué creó Dios al mundo? ¿Para qué me llamó a la existencia? La gran respuesta que el Espíritu Santo enciende y hace arder en nosotros es ésta: ¡Dios me ha creado para tener un objeto de su amor! Así, en forma contundente, Dios simplemente es el amor. El me creó para poder amarme con amor infinito; él me creó para que yo aprenda a amar: para que aprenda a amar en él, con él y como él ama. Este es el gran sentido de mi vida. Por esto puedo considerar el sentido de mi existencia como un provenir del amor eterno para ir al amor eterno. Sumergido en una corriente de amor, sumergido en una infinita corriente de amor, así existo. ¡Totalmente sumergido! Y así recorro todas las estaciones señalizadas en esta corriente de amor. Debo aprender a amar, debo madurar en el amor, debo fructificar en el amor. Debo conocer todas las formas del amor, debo aprender a vivir y a desarrollar todos los tipos de amor.

Todas las formas del amor; se trate del amor filial, del amor maternal o del amor paternal; se trate del amor de hermano o de hermana, amor fraterno; para eso estoy: ¡Debo amar! ¡Debo aprender a amar!

Debo aprender a pasar por todos los grados del amor, comenzando desde el amor más primitivo, siempre hacia arriba, hasta el amor maduro. ¿Dónde existen personas hoy en día, dónde hay grandes comunidades de personas que encuentren el sentido de su vida en ese madurar en el amor?

Textos del padre Kentenich

El hombre moderno es capaz de una infinidad de cosas, sólo de una no: ¡ya no aprendemos ni enseñamos a amar! Y cuando comenzamos a amar, es como un saltar de rama en rama, un jugueteo sensual, pero no la fuerza potente, profunda, creadora del amor

Si yo no amo –también si no amo en forma natural, auténtica– entonces prácticamente vivo como en la muerte. Entonces no conozco una vida natural bullente. ¿Qué quiere decir esto? ¿Dónde está la causa? Jamás debemos pasar por alto que la naturaleza, también mi naturaleza, tiene instintos originarios. Y el instinto original más elemental, el más importante, el primario de mi naturaleza, es el instinto del amor. Quien no desarrolla este instinto de amor, quien no aprende a amar, será siempre un hombre interiormente pobre, un hombre atrofiado. El que, por lo tanto, es un fakir en el ámbito del amor, es también un fakir en el ámbito de la vida.

¿No es cierto que si amo, si amo verdadera, auténticamente, entonces vivo, entonces se desarrolla mi vida natural hasta alcanzar la plena madurez? Pero si no aprendo a amar, si no soy un maestro del amor en toda la línea –también en el campo natural– no soy sino un hombre empobrecido, un fragmento de hombre, un ser miserable.

Por cierto, se trata del verdadero amor. No del egoísmo, ni de la excitación de los sentidos, ni de la más baja sensualidad, que grita desaforadamente, como ladran los perros cuando tienen hambre. No, verdadero amor es el impulso

hacia el interior de un tú personal, del tú humano y divino. El amor no descansa hasta no alcanzar la fusión de corazones, el intercambio de corazones y la complementación de corazones o la perfección de la personalidad en la entrega al tú personal, ¡a un tú! Esta es la gran fuerza elemental y el poder del amor. Por lo tanto, sin amor no soy sino un bastardo, no importa cómo me llame. El amor, el verdadero amor, gira siempre en torno al tú, está interesado en el tú, en el bien del tú. No gira primaria y continuamente en torno al propio yo. No busca la autosatisfacción. Busca el beneficio, el desarrollo del tú, a quien se entrega, trátese de Dios o del prójimo.

(P. Kentenich, Aus dem Glauben leben, tomo VIII)

Capítulo 2

La alianza de amor, un intercambio de corazones, bienes e intereses

Queremos reflejarnos en tu imagen
y volver a sellar nuestra Alianza de Amor.
A nosotros, tus instrumentos,
en todo aseméjanos a ti
y en todas partes por nosotros
construye tu Reino de Schoenstatt.

(HP, 180)

María educadora

María madre despierta el corazón filial que duerme en cada hombre. En esta forma, nos lleva a desarrollar la vida del bautismo por el cual fuimos hechos hijos. Simultáneamente, ese carisma maternal hace crecer en nosotros la fraternidad. Así María hace que la Iglesia se sienta familia. **(DP II, n.295)**

La alianza de amor, un intercambio ...

La alianza de amor es un mundo lleno de misterio. Misterio, porque nos lleva al mundo sobrenatural, al mundo de Dios. Y Dios siempre es un misterio. Misterio también porque es una alianza *de amor,* y el amor, de una u otra forma, siempre es un misterio. Adentrarse en el mundo de la alianza, en el mundo del amor, es adentrarse en un mundo a veces difícil de captar, aún mucho más difícil de expresar en palabras.

Nos hemos acercado al significado de la alianza de amor a la luz de analogías en el orden natural. La alianza tiene mucho de amistad; contiene y entraña, de alguna manera, el misterio del amor esponsal y, sobre todo, se caracteriza por ser una relación de amor paterno-filial. Al considerar estas realidades hemos abierto el acceso a una comprensión más profunda de la alianza de amor con María.

En el presente capítulo profundizaremos lo dicho y explicaremos la alianza de amor en forma más sistemática. El P. Kentenich da una definición muy simple y profunda de la alianza. Dice:

> "La alianza de amor consiste en un intercambio de corazones, de bienes y de intereses con María".

1. La alianza de amor como intercambio de corazones

1.1. La unión de corazones propia del amor

Por la alianza de amor formamos con María una comunidad de vida cuyo núcleo es nuestra unión de corazón a ella. María nos regala su corazón y nosotros le regalamos el nuestro. Todo amor verdadero tiende a esta entrega. El amor lleva a una especie de fusión de corazones; ésa es su meta y su gloria. Amar a una persona significa tenerla en nuestro corazón. Y nuestro gozo y felicidad profunda es saber que ella también nos tiene en el suyo.

Podemos intercambiar muchas cosas con una persona. Podemos dialogar con ella, hacer planes, realizar cosas, pero mientras esa persona no nos haya entregado su corazón y nosotros a ella el nuestro, esa relación será aún extrínseca, de algún modo, superficial, pues no nos ha tocado en lo más hondo: en nuestra afectividad profunda.

La alianza de amor con María aspira a esa profundidad. No consiste sólo en dirigirle oraciones o realizar algún apostolado en su nombre o tener confianza en que ella saldrá al encuentro de alguna necesidad que tengamos. Va más allá. Quiere hacer del corazón de María nuestra morada, nuestro lugar predilecto, donde vivamos, amemos, suframos y gocemos.

Como José, que llevó a María a su casa, o como Juan, el apóstol predilecto del Señor que la acogió en la suya, por la alianza de amor también nosotros recibimos a María en nuestra casa: le ofrecemos nuestro corazón para que en él ella sea Reina y Señora, para que se adueñe de nosotros.

Citando a san Alfonso María de Ligorio, uno de los santos marianos más destacados, comenta el P. Kentenich:

(Afirma el santo:) si uniésemos todo el amor de todas las madres por sus hijos, de todos los esposos entre sí, el amor de todos los santos y ángeles hacia quienes los veneran, no alcanzaría este amor la medida del amor que María profesa a cada persona.

Yo soy esta persona a quien María ama de manera inconmensurable. Yo no lo sé ni lo sabía. Por eso mi corazón es tan insensible respecto de ella. Por eso mi relación con ella y la de ella respecto a mí, según yo lo veo, es tan impersonal. Tengo la sensación de ser una pieza de una gran máquina, fácilmente reemplazable. ¡Si pudiéramos imaginarnos siquiera la grandeza inagotable del amor con que la Madre del amor hermoso nos ama a cada uno personalmente! Si tuviéramos solamente una pálida idea de ello, no iríamos de puerta en puerta mendigando ansiosamente entre los seres humanos una gotita de amor.

La alianza de amor nos lleva a experimentar ese inconmensurable amor de la santísima Virgen María por nosotros, y, a la vez, nos mueve a responder a su amor con un amor filial, íntimo y cálido.

1.2. María nos regala su corazón

La alianza de amor consiste en un intercambio de corazones. Ahora bien, ¿cómo es el corazón de María? ¿Podemos penetrar la dimensión de su amor?[1]

La base que sustenta nuestra entrega es la convicción de fe que *ella realmente es nuestra madre.* No es una ficción de parte nuestra o una ilusión producto del anhelo. Partimos de una sólida base doctrinal: ella es nuestra madre, ella tiene corazón de madre; su amor de madre es mayor que el de todas las madres juntas que han existido y que existirán. Si el Señor la instituyó como tal, sería absolutamente impensable que ella no tuviese un corazón pleno de amor, de solicitud, de entrega y ternura materna para con nosotros. Sería enteramente imposible que ella no conociera en Dios a sus hijos o no pudiera hacer nada por nosotros.

1. Más sobre este tema y el siguiente, ver libro *María, Madre nuestra*, Ed. Patris, 1998.

El corazón que nos regala María es un corazón pleno de amor y ternura. Un corazón hermoso y puro como ninguno. En él no hay nada de egoísmo, orgullo o mezquindad. Es un corazón limpio, pleno de gracia y del amor de Dios. Un corazón que se da generosamente, que está preocupado hasta de los más mínimos detalles de nuestra vida, pues, para las madres, nada de lo que sucede a sus hijos carece de importancia. Un corazón humano, cálido, fiel como ninguno, en el cual se nos hace cercana la infinita fidelidad del Dios rico en misericordia.

El corazón de María refleja el amor infinito de Cristo Jesús. En su corazón Dios Padre ha volcado la inmensidad de su misericordia para que llegue a nosotros en su ternura maternal. En el sagrario de su corazón, el Espíritu Santo nos quiere encender y transmitir el fuego de su amor.

Ese es el corazón que nos regala María. Un corazón que contiene el cielo y que se expande por la tierra. Un corazón que nos abre al amor de Dios y al amor de los hombres, de las cosas, de todo lo que Dios ama.

Esto es lo que nos dice la fe del corazón de María. De ello también nos habla elocuentemente la historia de miles, de millones de personas, a lo largo de los siglos, que han experimentado la dulzura y el poder de su corazón maternal. Entre ellos, nuestro Padre y Fundador no se cansa de hacerlo. Recordemos, entre muchas, esta oración suya:

Generosamente despliega hoy
tu corazón de madre;
y como Colaboradora del Señor Jesús,
manifiesta en plenitud
tu poder y tu bondad
allí donde irrumpen violentos poderes infernales. *(HP, 506)*

(...)
Madre, inscríbenos en tu corazón
y llévanos contigo hacia el cielo.
La alianza, que sellamos en una hora de gracias,
la renovamos ahora con fidelidad. *(HP, 384)*

(...)
Aunque nos amenacen el mundo y el Demonio,
o tempestades se ciernan sobre nosotros,
tú vences todos los peligros
y nos concedes tu inmenso poder.
Tu corazón, puerta del cielo,
es siempre nuestro seguro amparo. *(HP, 610)*

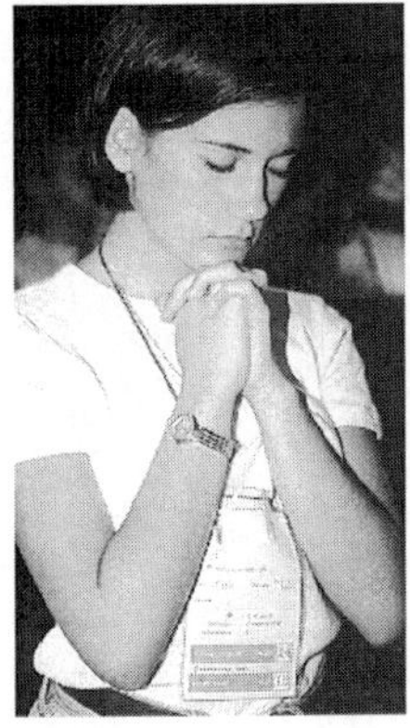

1.3. Damos a María nuestro corazón

No cabe duda de que el intercambio de corazones que establece la alianza de amor con María nos favorece a nosotros. Ella nos da su corazón y nosotros el nuestro: un corazón pobre, pero lleno de anhelo de ser suyo. Un corazón con fe, pero con una fe débil y vacilante. Un corazón lleno de egoísmos y mezquindades. Un corazón necesitado de cobijamiento y muchas veces cobarde. Un corazón que ha fallado y ha sido infiel. Le damos ese corazón, tal como es, sin esconder sus límites o su pobreza. Eso es todo lo que ella nos pide. Lo único que le importa es que se lo demos con entera confianza y amor filial. Ella lo acepta, lo recibe en el suyo y lo sana, lo purifica y lo conforma según su corazón y el corazón de su Hijo.

En la *Meditación sobre la Pequeña Consagración* describimos así la donación de nuestro corazón a María:

Te consagro lo más mío,
lo más íntimo,
lo más cálido.
Te consagro mi corazón,
el que ya has tenido entre tus manos,
el que se dispara y se rebela,
el que te necesita y te llama,
el que ya conoce tus latidos
y los comienza a seguir.

Te consagro mi corazón
que sólo tu amor y el amor de Dios
pueden saciar plenamente.
Te abro mi corazón
con su pobreza y su riqueza.
En él eres única Reina.
Madre, dame un corazón
semejante al tuyo;
acrisola sus impurezas,
rompe su estrechez;
sin compasión
destruye sus murallas.
Hazlo amplio y hermoso
como el tuyo:
puerta del cielo,
refugio de paz,
fuego de amor ardiente,
fuente cristalina de vida
hogar del mundo.[2]

En esto consiste la alianza de amor: es un intercambio de corazones entre María y nosotros.

La Virgen recibe nuestro corazón en el suyo, y, como madre nuestra, lo educa, lo acrisola y ennoblece. A menudo pensamos que todo depende de nuestro esfuerzo por superarnos o por adquirir una a una las virtudes de un cristiano auténtico. Pensamos que es cuestión de proponérnoslo, de ser heroicos en ello, de aplicar a fondo nuestra voluntad. Pero, al hacerlo, perdemos de vista algo esencial. Un esfuerzo de ese tipo, muchas veces termina en tensión y "acartonamiento" espiritual. Fácilmente se convierte en un ascetismo farisaico. Por cierto que tenemos que esforzarnos, pero tenemos antes que situarnos en otra perspectiva.

2. P. Joaquín Alliende y P. Rafael Fernández, *La Pequeña Consagración*, Ed. Patris, 1996, p. 10.

Pensemos, por ejemplo, en la complejidad de nuestra vida afectiva. Los celos, las envidias, tantas cosas ocultas; los sentimientos que se entrecruzan, las simpatías, las antipatías. ¿Cómo lograr purificar ese corazón? ¿A fuerza de voluntad? Es demasiado difícil, prácticamente imposible. ¿Cómo, entonces? Poniendo nuestro corazón en su corazón. Y en el contacto con ese corazón, irán desapareciendo nuestras miserias. Por ejemplo, quien quiera ser puro, a fuerza de voluntad, está ante una tarea imposible. En cambio, si nos acercamos a María, si nos dejamos irradiar por su luz, ese corazón empezará a ser puro "por contagio". Algo semejante nos sucede en el trato con las personas en el plano humano. ¿Cuándo una persona se hace mejor? Cuando se junta, cuando se acerca a personas buenas, bondadosas. En cambio, cuando hace amistad con personas vulgares, deshonestas, materialistas, etc., éstas lo arrastran hacia abajo. Cuando nos acercamos en cambio a personas nobles, nos ennoblecemos; si nos acercamos a personas alegres, naturalmente nos alegramos. Recibimos su irradiación.

Este es el "método" que aplicamos. Habitar en el corazón de María, poner en él nuestra tienda. Hacernos pequeños en el corazón de María. El que no se hace pequeño como un niño, no piense en entrar en el reino de los cielos. Esa es la condición *sine qua non.* Hay que hacerse pequeño para entrar en el corazón de María.

Si aspiramos a ser alegres y serviciales, si queremos tener plenitud y tranquilidad de alma, lo lograremos en el corazón de María. La condición es regalarle el corazón y, para eso, de alguna manera, hay que perderlo todo. El que quiera entrar en una relación de amor debe estar dispuesto a perderse en el tú. Lo mismo pasa con María. Uno tiene que perderse en ella, tal como lo pedía el Señor: "El que quiera salvar su vida..." El sólo preguntaba: ¿crees?, ¿confías plenamente en mí?, ¿tienes fe en mí, en mi amor, en que yo te quiero y puedo hacer lo que me pides? En otras palabras, ¿estás dispuesto a entregarme tu corazón?

Este creer, lanzarse y "perderse" en el corazón de María, el hacerse pequeño para adentrarse en su corazón, se va aprendiendo poco a poco. Tal vez el mayor obstáculo sea temer que ella no nos reciba a causa de nuestras miserias. Estamos demasiado acostumbrados a que para ser amados y recibidos, necesitamos presentar primero una carta de buen comportamiento. Vivimos la lógica del doy si me das. Una lógica utilitarista, de intercambio comercial, muy distinta a la lógica del amor, y muy especialmente del amor de Dios. Esa lógica que el hijo mayor de la parábola del hijo pródigo no lograba entender.

Cuando uno ama está reconociendo que le falta algo, que tiene necesidad de un tú. Incluso está diciendo al otro: yo sin ti no puedo vivir. ¿Qué estoy expresando con ello? Que yo no soy nada, que soy inmensamente pobre sin ti. Amar significa entregar un corazón humilde, un corazón manso. Los que se engríen en su corazón, los que se ponen corazas, no logran comprender el mundo del amor, les cuesta demasiado. Hay que entregar el corazón; y eso significa para nosotros, en primer lugar, entregar la vivencia de la propia pequeñez, reconocer ante el tú la propia limitación. Y reconocerla no con vergüenza sino como un don que yo entrego al tú.

La alianza de amor es un misterioso intercambio de corazones. Si lo dicho vale en el plano del amor humano, vale más aún en el plano sobrenatural. ¡Tenemos que dar un paso importante! Nos disponemos a entregar todo, a entregar lo más hondo de nuestro ser, que es el sentimiento de pequeñez. Hemos sido tantas veces infieles, reconocemos que estamos hechos de barro y de esos barros no tan limpios ni tan puros. Y si eso no se lo entregamos a Dios, en definitiva no nos hemos entregado. Mientras no le entreguemos nuestra miseria, nunca vamos a descubrir plenamente su misericordia. Y esto vale especialmente en nuestro trato con la santísima Virgen. Porque ella es encarnación del corazón misericordioso de Dios Padre. Es la ternura de Dios que se acerca a nosotros. Para entregarnos su amor de madre, ella necesita nuestro vacío, y no en primer lugar nuestros logros y grandezas.

El P. Kentenich decía en este contexto: nosotros nos asemejamos a un pequeño niño, raquítico y deforme. Ese niño tiene que convertirse en un niño de pecho, un pequeño bebé en brazos de su madre. Ese es el sentido de nuestra fragilidad; el que nosotros podamos, sin reservas ni resistencias, echarnos en los brazos de María. Y este niño raquítico pasará entonces a ser un niño predilecto, un niño prodigio.

¿En qué consiste la alianza de amor? Es un intercambio de corazones. Consiste en entregar el propio corazón a María, pero entregárselo en su profundidad, en su hondura, con eso que quizás tiene de tenebroso, de débil, de frágil, de doloroso. Entregarlo a ella. Ella a su vez nos entrega su corazón sin reservas.

¡Qué bien nos hace pensar que la grandeza de una persona se mide por el corazón de la persona a quien le regala su corazón! ¿Cuándo me siento grande? ¿Dónde reside mi grandeza? En la grandeza de aquella persona a quien me he regalado, a quien amo, a quien pertenezco. La nobleza del amor a quien amamos es nuestra nobleza. Si estuviésemos lejos de esa persona, nos sentiríamos como alguien a la deriva, como una barca sin puerto, como una cáscara de nuez en un mar agitado. Si estamos en el corazón de María, entonces nos sentimos ennoblecidos, seguros, cobijados. Nuestro orgullo es ser suyos, pertenecer a ella y saber que su corazón nos pertenece.

Preguntas para la reflexión personal

- **¿Qué observo en mi medio respecto a la comunicación entre las personas?**
- **¿Con quién poseo yo una auténtica comunidad de corazones?**
- **¿Qué me ha ayudado a establecerla?**
- **Si carezco de esa realidad, ¿a qué lo atribuyo?, ¿cómo podría superar esa situación?**
- **¿Cómo es mi relación en este sentido con Dios? ¿Cómo es con María?**
- **¿He experimentado el amor maternal de María en mi vida? ¿En qué circunstancias?**
- **¿Qué debilidades personales quisiera depositar en el corazón de María, como expresión de mi entrega de hijo?**

2. La alianza de amor, un intercambio de bienes con María

La alianza de amor, junto con ser un intercambio de corazones es también un intercambio de bienes con la santísima Virgen. ¿Qué se quiere decir con ello? Nos entregamos el uno al otro lo más íntimo y hondo de nuestro ser: nuestro corazón, pero, además, entregamos todo lo que somos y tenemos. Todo lo que Dios nos ha regalado; todo lo que podemos llamar nuestro. Todo eso lo entregamos a María. Y ella a su vez, nos entrega la riqueza que Dios le ha regalado. Nuevamente, nosotros somos quienes salimos ganando en este intercambio.

2.1. Los bienes que nos regala la santísima Virgen

¿Cuáles son los bienes que posee María? ¿Qué cosas tiene ella que quiere compartir con nosotros al sellar la alianza de amor? Son los bienes más grandes que puede tener una criatura, los más excelsos.

Lo que María es, lo que ella posee, su gran riqueza es Cristo Jesús. Ese es el mayor bien de María. El es su todo, su vida. Ella no es nada sin él. Y teniéndolo a él, tiene la plenitud del Espíritu Santo y tiene a Dios Padre.

Pensemos en la Virgen María visitando a su prima Isabel. Ha recibido el don inmenso, único e inimaginable, de haber sido elegida para ser la madre de Jesús, el Mesías. Ella no se queda inmóvil en la contemplación del misterio del cual es objeto. Quiere compartir. Un impulso interno la lleva a recorrer un largo camino a través de las montañas para ir en ayuda de su prima, que había concebido un hijo en la ancianidad. ¿Y qué es lo que sucede? Su presencia lleva a Cristo y regala a Isabel y al niño que ésta lleva en su seno, la gracia y la alegría del Espíritu Santo. María, la plena de gracias, transmite lo que ha recibido, no lo guarda para sí. Concibe a su Hijo para entregarlo, a Isabel, a los pastores, a los Reyes que vienen de Oriente, a la Iglesia, a cada uno de nosotros. Ella nos regala a Cristo y en él, nos regala la riqueza del Dios Uno y Trino.

María es su socia y compañera. Por eso el Señor se complace en hacernos llegar a través suyo sus gracias, su amor, su ayuda. Cristo Jesús, al constituirla y proclamarla Madre nuestra, le encarga el oficio de ser Medianera de gracias. Ella es, con palabras de los Padres de la Iglesia, la "Omnipotencia suplicante". San Juan nos transmite esta verdad al describir su intervención en las bodas de Caná. Cristo Jesús no se puede negar a sus ruegos; no puede negar nada a su Madre. Ella posee "derechos de amor" sobre su corazón.

En una ocasión, la Virgen María se apareció a Catalina Labouré. Ella vio que la Virgen sostenía en sus manos piedras preciosas, pero sólo brillaban algunas, el resto permanecían opacas. Catalina le preguntó entonces por qué no brillaban todas. María le respondió: "Estas piedras preciosas que no brillan son las gracias que yo tengo para regalar pero que nadie me las pide".

Sí, ella quiere regalarnos las gracias que Dios ha puesto en sus manos, pero tenemos que acudir a ella y pedírselas filialmente. Ella quiere regalarnos compartiendo con nosotros su riqueza.

Pensamos en los bienes que María nos entrega en Schoenstatt. Ella nos regala su santuario como hogar y taller. Allí ella quiere forjar al hombre nuevo y a la nueva comunidad. María ha elegido el terruño de Schoenstatt para establecer en él su trono de gracias y realizar milagros de gracias: de arraigo en el corazón de Dios Padre; de transformación interior en Cristo Jesús, y de envío y fecundidad apostólica en el Espíritu Santo. En el santuario ella nos espera y nos tiende sus manos llenas de dones para enriquecer nuestra pobreza.

Una antigua oración de san Bernardo, uno de los santos marianos más eximios, da testimonio de esta generosidad desbordante de María. Dice así:

> Acordaos, ¡oh piadosísima Virgen María!
> que jamás se ha oído decir
> que ninguno de cuantos han acudido
> a vuestra protección
> y pedido vuestro auxilio,
> haya sido abandonado.
> Animado con esta confianza,
> ¡oh Madre, Virgen de las vírgenes!,
> corro y vengo a vos,
> y gimiendo bajo el peso de mis pecados
> me postro a vuestros pies.
> ¡Oh Madre de Dios!,
> no desatendáis mis súplicas,
> antes bien, escuchadlas y acogedlas favorablemente
> y dignaos acceder a ellas. Amén.

Cuánto apoyo, cuánta luz, cuánto consuelo, cuánta esperanza hemos recibido de sus manos en el santuario. Qué inmensamente enriquecidos y privilegiados somos al contar con su santuario. Tenemos un hogar donde ella siempre nos espera y un taller donde nos educa. Sea que vayamos con las manos vacías o llenas, ella siempre nos acoge. Nunca deja de atender nuestras súplicas. Nos levanta cuando hemos caído y nos perdona cuando hemos sido infieles en el cumplimiento de nuestras promesas. Su alegría es dar, dar gratuitamente, tal como ella recibió de Dios.

María comparte sus bienes con nosotros. Junto con darnos el santuario, nos regala a su instrumento preferido, a nuestro Padre y Fundador y a nuestra Familia, con toda su riqueza y su misión. Quien ha gustado lo que esto significa, sabe que es mucho y nunca se cansa de agradecerlo.

2.2. Los bienes que nosotros regalamos a María

También nosotros queremos intercambiar nuestros bienes con María. Consagramos a ella todo lo que somos y tenemos. Le damos nuestro corazón, pero también con él –como lo rezamos en la Pequeña Consagración– nuestros ojos, oídos, lengua... en una palabra, todo nuestro ser.

¿Qué bienes poseemos? Pensemos, por ejemplo, en los bienes personales, en nuestros talentos y cualidades, nuestro cuerpo y nuestro espíritu. Es mucho lo que Dios nos ha regalado a cada uno. Todo lo ponemos en sus manos; todo lo nuestro le pertenece. Ella es la dueña de lo que somos y tenemos.

Le entregamos nuestro cuerpo. Muchas personas sufren por su figura, porque son de ésta o de esta otra forma. Pero María nos recibe tal como somos: una madre nunca se pregunta si su hijo es feo o hermoso para amarlo y darle su cariño. Más aún: diríamos que si no es tan agraciado, si es objeto de burla para otros, con mayor razón ella lo ama y acoge. También cuidamos nuestro cuerpo, pues le pertenece a ella y porque es templo del Espíritu Santo. Como tal lo respetamos y educamos. Consagramos a ella la fortaleza de nuestro cuerpo y sus debilidades, su cansancio y su descanso.

Entregamos a María nuestra inteligencia y nuestra voluntad. Queremos usar nuestras facultades conscientes de que se las hemos consagrado a nuestra Madre y Reina y que, por ello, debemos cultivarlas y desarrollarlas del mejor modo posible. Si hemos recibido talentos es para utilizarlos en la misión que Dios nos ha encomendado como padres, como profesionales, como miembros de la Iglesia y de la sociedad en que vivimos.

Así como le entregamos nuestras facultades espirituales, le hacemos entrega de nuestras limitaciones. El desvalimiento espiritual es a veces más doloroso que el desvalimiento corporal. También lo ponemos en sus manos. Ella sabe por experiencia propia que Dios ama a los humildes, a los pobres, a los que

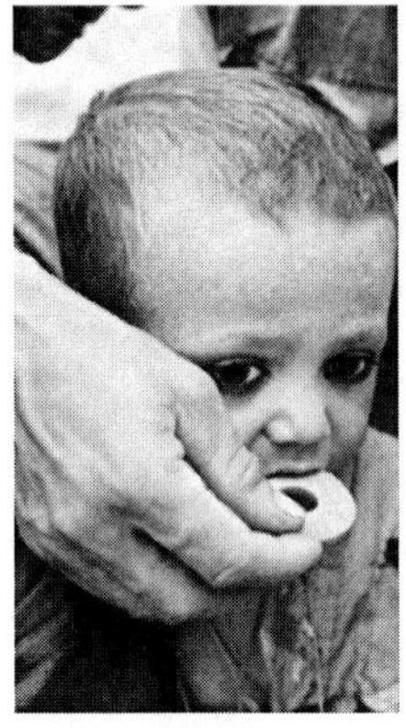

no tienen, y que se glorifica en ellos. De allí que no nos deprimamos ni nos rebelemos cuando sentimos el peso de nuestras miserias espirituales; más bien, le pedimos a la Virgen que la fuerza del Señor se manifieste en ellas y que sean la garantía de que no nos centremos en nuestro propio yo autosuficiente y egoísta.

Cuando el hijo mayor de la parábola regaña a su padre porque ha hecho una fiesta para el hijo pródigo, el padre le responde: "Hijo, tú sabes que todo lo mío es tuyo". El amor comparte. Cuando dos personas contraen matrimonio no sólo se entregan mutuamente el corazón y su cuerpo; el amor verdadero les lleva a decir también: todo lo mío es tuyo. Lo mismo decimos a María en la alianza.

¿Qué bienes materiales entregamos a María? Nuestros instrumentos de trabajo, nuestra vestimenta, nuestra casa, etc. La nombramos a ella dueña de todo lo nuestro. Le consagramos nuestras cosas. Hacemos uso de ellas considerando que son también suyas. Y si Dios, como a Jacob, en un momento determinado, nos las quita, no hacemos todo lo posible por retenerlas, no perdemos la calma interior ni nos angustiamos.

Pero los bienes más preciados para nosotros, sin duda, son las personas a quienes amamos: nuestros familiares; nuestro cónyuge; nuestros hijos; nuestros amigos... ¿Se los entregamos también a María? ¿Consagramos, es decir, ponemos en manos de María a cada una de esas personas que nos son queridas? ¿Estamos conscientes de que esas personas "nuestras" ahora son de María y que esto confiere al trato que tenemos con ellas algo especial?

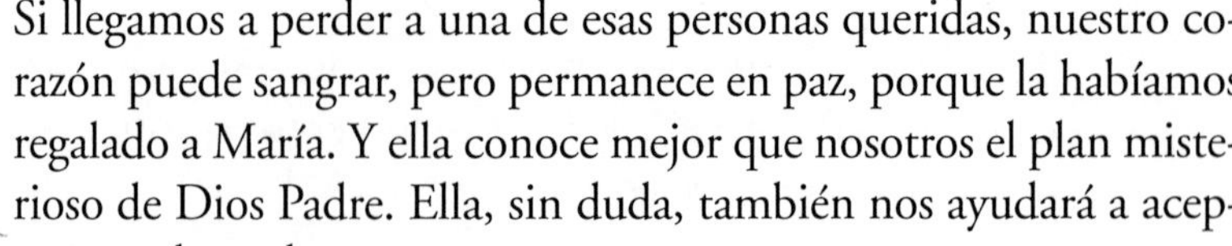

Si llegamos a perder a una de esas personas queridas, nuestro corazón puede sangrar, pero permanece en paz, porque la habíamos regalado a María. Y ella conoce mejor que nosotros el plan misterioso de Dios Padre. Ella, sin duda, también nos ayudará a aceptar su voluntad.

La alianza de amor, un intercambio …

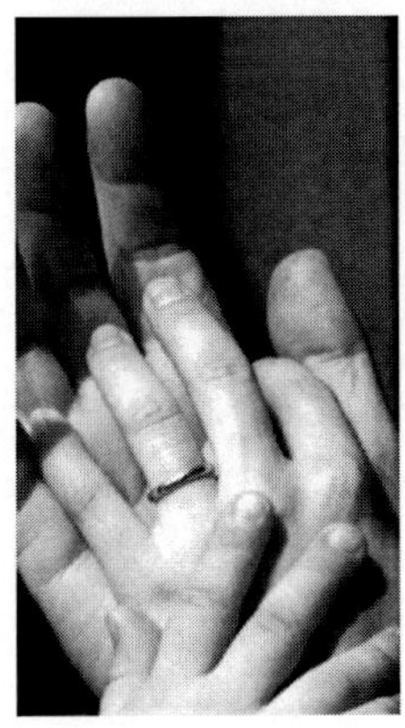

Un intercambio de corazones y de bienes. Un intercambio de amor que funda una comunidad de amor y de bienes. Nuevamente: somos nosotros los que más ganamos en este santo intercambio.

Preguntas para la reflexión personal

- ¿Qué bienes comparto con otras personas?
- ¿Tiendo a retener sólo para mí las cosas que poseo?
  ¿Me apego desordenadamente a ellas?
- ¿Qué experiencia positiva tengo de otras personas que hayan compartido conmigo sus cosas?
- ¿Qué observo a mi alrededor en esta dirección?
- ¿Qué he entregado a María?
  ¿Qué he recibido de ella en especial?
- ¿Cuáles son los bienes que María espera que comparta con ella?

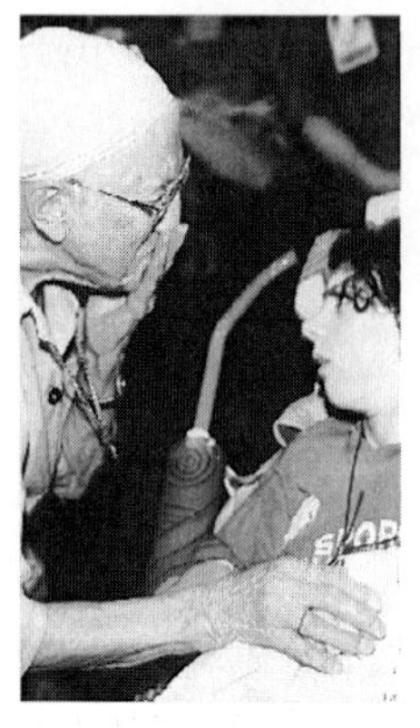

3. La alianza de amor, un intercambio de intereses con María

La alianza de amor funda también una comunidad de intereses con María. ¿Qué entendemos por "intereses"? Es todo aquello que tenemos entre manos y que nos importa. Nuestras grandes y pequeñas preocupaciones. Nuestros planes. Lo que quisiéramos sacar adelante. Aquello a lo cual dedicamos tiempo y energías. Nuestros sueños e ilusiones.

3.1. Los intereses de María

¿Cuáles son los intereses que nos quiere confiar María? ¿Qué es lo que a ella le importa? Es su Hijo y el Reino de su Hijo. La obra redentora en la cual ella participó y sigue participando como la Compañera y Colaboradora permanente del Señor.

A la santísima Virgen María le importa la Iglesia, su vida y su tarea de ser alma del mundo. Le importamos nosotros, sus hijos, nuestra suerte, especialmente la suerte de los más desvalidos, de los que padecen penurias materiales o espirituales.

Ese es el mundo de intereses de nuestra Madre y Reina. Y esos intereses quiere compartirlos en la alianza de amor con nosotros. Quiere que los hagamos nuestros. Que a nosotros también nos importe Cristo y el Reino de Dios Padre aquí en la tierra. *María busca así ampliar nuestro corazón.* Quiere que extendamos nuestro mundo de intereses más allá de nuestro pequeño círculo personal, tal como ella que no se centró en sí misma, sino que siempre estuvo atenta a las necesidades de los demás. Su horizonte abarcaba la

suerte de su pueblo. Ella tiene la humanidad entera ante sus ojos. Con Cristo Jesús, su meta es la salvación del mundo.

3.2. Nuestro mundo de intereses

¿Y cuáles son nuestros intereses? Son muy diversos. Nos preocupan cosas pequeñas –a veces demasiado pequeñas– y cosas grandes, importantes para nosotros y para los nuestros. En general, quedamos atrapados en medio de nuestros intereses egoístas y materiales, nos agobian cosas secundarias, generalmente de orden económico. Ciframos nuestros anhelos e ilusiones en nuestro bienestar material. Basta sólo pensar en la angustia del hombre moderno; en el estrés y nerviosismo que casi son símbolos de nuestro tiempo. Pensamos en las múltiples depresiones producto de nuestra impotencia, de los fracasos o de la amenaza de los factores externos que no logramos controlar.

Por la alianza de amor "descargamos" en María todas estas angustias y preocupaciones. Ella, la pequeña sierva del Señor, nos enseña a buscar primero el Reino de Dios y su justicia y a esperar por añadidura las demás cosas que nos son necesarias. Ella afianza en nuestro espíritu la convicción de que "todo converge al bien de los que aman a Dios". (Rom 8,28)

De este modo, la alianza de amor produce en nuestra alma una auténtica liberación. Esa fue la gran sabiduría de nuestro Padre y Fundador: "Yo me preocupo de su honor y ella se preocupa del mío", decía una y otra vez. Y cuando humanamente no había salida y todo se veía negro, repetía: *Tua res agitur!,* se trata de tu causa, es tu obra la que está en juego. Por eso, *Clarifica te!,* muestra tu gloria, manifiesta tu poder. Sabía que María cuidaba, que había cuidado y que así lo seguiría haciendo en el futuro: *Mater perfectam habebit curam et victoriam!,* la Virgen María cuidará per-

fectamente y obtendrá la victoria. Ya muy temprano, en 1915, se colocó en el santuario, en torno a la imagen de María, la inscripción: *Servus Mariae nunquam peribit!,* un siervo de María nunca perecerá, y durante la segunda guerra mundial, resonó un himno que hasta ahora nos acompaña: *"Los tuyos no se hundirán".* Todo ello da testimonio de lo mismo: ella se hace cargo de nuestros intereses. Asumamos también nosotros los suyos.

Esta actitud de entera confianza y abandono dominó la vida y la obra del P. Kentenich. Era lo que le regalaba una paz inalterable en todas las circunstancias de su vida, en los momentos más difíciles, en Dachau y en Milwaukee, y en las múltiples preocupaciones cotidianas en el ejercicio de su labor como fundador y padre. Rezaba, *"En tu poder y en tu bondad fundo mi vida..."*, con confianza ciega, como un niño que sabía que su madre mantenía la vigilancia; que ella conocía los planes de Dios Padre y que nunca nos iba a abandonar.

Por la alianza de amor ponemos en manos de María nuestros intereses. A ella le pedimos que los purifique y que nos enseñe a asumir los suyos. Que eleve nuestra mirada hacia lo alto para que no nos quedemos atrapados en lo pequeño y secundario. Le pedimos a ella que en esto no se apiade de nosotros; que nos exija, que suelte nuestras amarras y nos libere de las pasiones desordenadas que bullen en nuestra alma y nos apartan de "lo único necesario".

> "Venimos para dar y recibir. Queremos intercambiar con la santísima Virgen todo nuestro desvalimiento, nuestra buena voluntad y nuestra fidelidad. Le damos nuestra buena voluntad y ella nos da su buena voluntad. Le damos nuestra fidelidad y ella nos da su fidelidad". *(Documentos de Schoenstatt, Ed Patris, Plática del 31 de Mayo de 1949, pág. 179, n. 6)*

Preguntas para la reflexión personal

- ¿Cuál es mi mundo de intereses?
  ¿Cuáles son los grandes objetivos de mi vida en el orden personal?
  ¿Cuáles en el orden profesional?
- ¿He asumido como míos los intereses de otras personas?
  ¿Cuándo y cuáles?
- ¿Cómo ha sido mi experiencia en este sentido?
- ¿Qué cosas de las que me preocupan quiero confiar especialmente a la Virgen?
- ¿Qué intereses de María he hecho míos?
- ¿De qué intereses mezquinos o egoístas quisiera que María me liberara?

Textos del padre Kentenich

Aprender a Amar

Existen millones de hombres que no saben amar, que no han aprendido a amar de corazón a otra persona. No conocen un organismo de vinculaciones, no han amado a otras personas. Dicen: amamos a Dios. ¡Pero no es cierto! ¿A quién han amado?, ¡a una idea! ¡Esto constituye una tremenda tragedia!

Si queremos amar a María, debemos primero aprender a amar a los hombres, de modo que podamos experimentar lo que en verdad significa amar. ¿A quién amo? No amo simplemente a una persona concreta, sino que, en esa persona, amo a Dios. Esto tengo que haberlo experimentado alguna vez. Tengo que tener presente la relación de la persona a Cristo. Esto es algo que se realiza en forma más fácil a través de la santísima Virgen.

(P. Kentenich, Semana de Octubre, 1950)

La Consagración a María

El lugar que ocupa la santísima Virgen en el plan de salvación, así como la realidad del tiempo actual y de la vida, nos impulsan con suave violencia a los brazos y al corazón de María, nuestra Madre y Educadora. No sólo ella nos aconseja cobijarnos en forma segura y permanente en su corazón, también lo hace el Santo Padre al indicarnos que realicemos por nuestra parte la consagración a su sagrado corazón, la que él mismo ha hecho solemnemente dos veces, al consagrar el mundo entero a su corazón.

Esta consagración significa a la vez una alianza de amor mutua entre la Madre tres veces admirable y nosotros. Es un intercambio mutuo de corazones, bienes e intereses. Así lo expresó Grignon de Montfort: "Cuando ella (la santísima Virgen) ve que alguien se le regala enteramente (por la consagración como alianza de amor) ... entonces ella se regala total y plenamente de una manera indescriptible a aquel que (en la fuerza de la alianza de amor) se le entrega. Ella lo sumerge en el abismo de sus gracias, lo adorna con sus méritos, lo apoya con su poder, lo ilumina con su luz, le regala sus virtudes: su humildad, su fe, su pureza, todo. Ella se convierte en su garantía, en su complemento, en todo ante Jesús. En una palabra: Ya que esa persona (en la fuerza de la alianza de amor) pertenece enteramente a María, María (en razón de la misma alianza de amor) pertenece enteramente a ella.

Lo que nosotros llamamos contribuciones al Capital de gracias, es la expresión de esta alianza. Nosotros nos regalamos por entero y con todo lo nuestro a la santísima Virgen y, por eso mismo, esperamos como regalo recíproco a ella misma y a todo lo que le es propio. Sobre todo, esperamos que ella nos transforme en Cristo, que en él nos conduzca al Padre y que nos integre en su misión de ayuda permanente del Señor, y así nos utilice como instrumentos para la redención y pacificación del mundo. La santísima Virgen toma muy en serio una alianza tal.

(P. Kentenich, Mutter und Erzieherin, 1954)

Intercambio mutuo de corazones

El intercambio recíproco de intereses y bienes entre ambos contrayentes de la alianza, entre la santísima Virgen y nosotros, es profundamente eficaz a lo largo del tiempo, sólo si está enraizado en un perfecto intercambio mutuo de corazones o de amor.

Yo me esfuerzo en amar a la santísima Virgen, tanto en la actitud como en los hechos, con la misma intensidad con la que ella me ama. Sólo así entenderemos lo que quiere decir el perfecto intercambio mutuo de corazones o de amor. Se trata de dar corazón por corazón. Lo que vale es corazón por corazón, hasta que ambos corazones latan al unísono: dos corazones y un solo latir; o bien, hasta que se produzca una fusión mutua de corazones, perfecta y permanente. Lo que significa esto, se esclarece sobremanera si se compara corazón con corazón.

(P. Kentenich, Mutter und Erzieherin, 1954)

El Corazón de María

Cuán a menudo experimentamos que el amor humano se desgasta con el tiempo y busca un cambio. O bien, que, igual que un pájaro, salta con el corazón de rama en rama. Esto no sucede con el amor de María. Su amor es profundo, fiel y eterno, similar al amor de Dios mismo. El amor terreno, que no sea enteramente auténtico, se apaga y cojea rápido y fácilmente cuando llega la lejanía exterior, la separación. El amor de María por nosotros no conoce esta debilidad. Está siempre cercano a nosotros. Ella nos ve y ella nos ama en y a causa de Dios, quien es eternamente siempre el mismo. El amor terreno se derrumba rápidamente si se le paga con ingratitud. El amor de María es desinteresado y puro y no se deja turbar por la ingratitud. Tampoco la muerte nos separa de ella. Ella es y sigue siendo nuestra madre. Ella nos acompaña amorosamente ante el juicio de Dios, para defendernos, sea que nos conduzca felices al cielo, sea que esté a nuestro lado en el purgatorio, ayudándonos y consolándonos. Así vemos el corazón de María, que nos es regalado en la alianza de amor.

¿Cómo se ve nuestro corazón, al cual la santísima Virgen tiene derecho de propiedad a causa de la consagración?

Debiera estar formado a la manera de los cuatro elementos, solía decir el santo carmelita, Alberto. Debiera ser puro como el agua, humilde como la tierra, libre y generoso como el aire y ardiente como el fuego.

Textos del padre Kentenich

Pureza, humildad, generosidad y ardor en el amor son las cuatro características propias de un verdadero corazón mariano. Lo que nos falte de ello, nos lo regala la santísima Virgen en virtud de la alianza de amor sellada con ella, a través de la misteriosa fusión mutua de corazones. María no tiene descanso hasta que nuestro amor a ella y a Dios se iguale en actitud y hechos.

(P. Kentenich, Mutter und Erzieherin, 1954)

Alianza y Sacrificio

Para quien conoce el mundo del amor, o para quien ya ha hecho de la alianza de amor con la santísima Virgen el contenido de su vida, sabe por experiencia que el amor vive del sacrificio y que el sacrificio alimenta el amor. Esta ha sido desde siempre una ley inalterable en el reino del amor.

(P. Kentenich, Mutter und Erzieherin, 1954)

Textos del padre Kentenich

Fundir nuestro corazón en el suyo

Así como no se puede concebir el amor a María sin una patena permanentemente llena de ofrendas de sacrificios, de igual modo es altamente sospechosa una alianza de amor que no sea también una alianza de sacrificios. Una tal alianza debe ser tildada de falsa y supersticiosa, de temeraria o por lo menos de imperfecta, y debe ser rechazada, o bien, con el tiempo debe ser probada cuidadosamente, mejorada y guiada hacia la perfección. (...)

Ciertamente, la Madre y Reina tres veces admirable de Schoenstatt quiere tener nuestro corazón. Ella quiere, en santa alianza de amor, fundir nuestro corazón con el suyo y llevarlo profundamente al corazón de Dios. (...)Una palabra dura, pero sobremanera explícita y consoladora, es la que el Acta de Fundación de Schoenstatt pone en boca de la santísima Virgen: "Esta autosantificación –es decir, esta autodisciplina sacrificada y alegre que impone exigencias máximas al propio yo– es la que yo exijo de vosotros. Es la coraza que deben ponerse; es la espada con la que librarán al Reino de Dios de sus poderosos enemigos."

(P. Kentenich, Mutter und Erzieherin, 1954)

Capítulo 3

La vivencia de la alianza de amor en el fundador de Schoenstatt

Creo firmemente que nunca perecerá quien permanece fiel a su Alianza de Amor.

(HP, 534)

María y el Nuevo Pentecostés

El pueblo latinoamericano sabe todo esto. La Iglesia es consciente de que *"lo que importa es evangelizar no de una manera decorativa, como un barniz superficial"* (EN 20). Esa Iglesia, que con nueva lucidez y decisión quiere evangelizar en lo hondo, en la raíz, en la cultura del pueblo, se vuelve a María para que el Evangelio se haga más carne, más corazón de América Latina. Esta es la hora de María, tiempo de un nuevo Pentecostés que ella preside con su oración, cuando, bajo el influjo del Espíritu Santo, inicia la Iglesia un nuevo tramo en su peregrinar. Que María sea en este camino *"estrella de la Evangelización siempre renovada"*. (DP II, 303)

1. Los fundadores y la vitalidad de la Iglesia

Poco serviría lo explicado en los capítulos anteriores si ello sólo fuese una teoría. Pero, gracias a Dios no lo es. Son innumerables las personas que han vivido y viven de la alianza de amor con María en Schoenstatt. Pero hay alguien en quien esa alianza de amor alcanza una dimensión preclara: en su fundador. Por eso dedicaremos este capítulo a mostrar cómo el P. Kentenich vivió personalmente su relación de amor con la Virgen María.

Según el plan del Dios providente, los fundadores son personas escogidas a través de las cuales él hace llegar a la Iglesia su gracia renovadora y vivificante. A ellos los hace portadores de carismas, es decir, de gracias especiales del Espíritu Santo, que conforman y alimentan la vida del Pueblo de Dios.

Los Sumos Pontífices no han cesado de destacar la importancia que tienen los fundadores para sus comunidades y para la Iglesia. Con insistencia llaman a seguir sus pasos, a imitar su ejemplo y a mantener vivo su espíritu.

> Las comunidades religiosas mantienen su vitalidad y son fecundas sólo en tanto cuanto permanece y respira en su organización y en sus obras, en sus costumbres y en la vida de sus miembros, el espíritu íntegro de su fundador. *(Pablo VI)*

Caso preclaro de lo que significa la persona y el carisma de los fundadores son, por ejemplo, san Francisco de Asís y san Ignacio de Loyola. En una época de decadencia, Dios confió a san Francisco de Asís el carisma de la pobreza evangélica, que éste hizo fecundo en la Iglesia de su tiempo, pero que perdura para bien de la Iglesia hasta nuestros días. Algo semejante sucede con san Ignacio de Loyola. Su persona y su fundación surgen en medio de la crisis de la reforma protestante. Ignacio y los suyos, la "Primera Legión", impulsados

por el carisma que Dios les concedió, se abocan con gran vigor a la tarea de renovación de la vida de la Iglesia. El espíritu de Ignacio penetra la Iglesia, trayéndole renovación y creando nuevas formas marcadas con su cuño. La historia de la Iglesia, desde entonces, no ha cesado de beber de la fuente de vida que Dios abrió en la persona del fundador y la comunidad ignaciana.

Se podría seguir nombrando así a otros grandes fundadores, como san Benito, santa Teresa de Avila, santo Domingo de Guzmán y tantos otros a lo largo de los siglos. Nuestro tiempo también ha sido testigo de esta acción del Espíritu Santo. Pensemos, por ejemplo, en Monseñor Escrivá de Balaguer y el Opus Dei, en Chiara Lubrich y los focolarinos, en Kiko Argüello y los catecúmenos, en la madre Teresa de Calcuta y su comunidad. El Señor nunca abandona a su Iglesia. Constantemente sale al encuentro de las necesidades y desafíos que ésta padece y elige a personas que se abren a su gracia y conducción providencial.

En esta perspectiva se sitúa para nosotros la persona del P. José Kentenich, fundador del Movimiento de Schoenstatt. También en él vemos la mano del Dios providente que conduce la historia a través de instrumentos libres y dóciles.

Con ocasión del centenario de su nacimiento, en 1985, el Papa Juan Pablo II dirigió a la Familia de Schoenstatt las siguientes palabras:

> La experiencia secular de la Iglesia nos enseña que la íntima adhesión espiritual a la persona del fundador y la fidelidad a su misión –una fidelidad que está siempre de nuevo atenta a los signos de los tiempos– son fuente de vida abundante para la propia fundación y para todo el Pueblo de Dios... Vosotros habéis sido llamados a ser partícipes de la gracia que recibió vuestro fundador y a ponerla a disposición de toda la Iglesia. *(Juan Pablo II, Roma, 20 de septiembre de 1985)*

El carisma que Dios regaló al P. Kentenich es un carisma preclaramente mariano, marcado por una alianza de amor sellada con la santísima Virgen en el pequeño santuario de Schoenstatt. Un carisma mariano que quiere dar respuesta a las herejías antropológicas de nuestra época y que está orientado hacia la creación de un nuevo tipo de hombre cristiano que, de acuerdo a la persona y misión de la Virgen María, trata de encarnar en medio del mundo la armonía entre lo natural y lo sobrenatural.

Preguntas para la reflexión personal

- **¿Qué fundador de la Iglesia conozco en particular?**
- **¿Qué rasgos de su persona y de su carisma me parecen especialmente importantes en el momento actual?**

2. Conocer la historia del fundador y participar de su carisma

La forma más adecuada para conocer el carisma de una comunidad o movimiento eclesial es conocer la vida del fundador. El fundador no sólo proclama su carisma; lo más importante es que él mismo lo encarna. Su vida da testimonio del paso de Dios por la historia. En ella aparecen los dones y talentos que Dios le ha conferido y que quiere hacer llegar al seno de la Iglesia. Para quienes Dios llama a Schoenstatt esto reviste gran importancia, pues en la historia del fundador se delinea la voluntad de Dios no sólo para Schoenstatt en general, sino para su propia vida.

Si el Dios providente nos ha llamado a Schoenstatt, ello significa que él nos llama al seguimiento de su fundador. Tal como a un jesuita le revela su voluntad a través de la vida de san Ignacio, de modo semejante nos manifiesta en forma especialísima nuestra misión y el sentido de nuestra existencia como miembros de Schoenstatt, a través del P. José Kentenich. De aquí que conocer más profundamente su trayectoria de vida constituye un camino privilegiado para conocer nuestra propia vocación y saber qué espera Dios de nosotros.

Estas reflexiones nos mueven a considerar el carisma mariano de Schoenstatt, y concretamente la alianza de amor con María, no en forma teórica, sino, en primer lugar, en la vida del fundador. Destacaremos algunos momentos de su historia. Con este fin recogimos citas de textos del P. Kentenich, la mayoría de ellas de carácter autobiográfico. Por lo dicho anteriormente, creemos que es importante la palabra del fundador, de allí la abundancia de citas. Ello permitirá tomar un contacto más directo y personal con él.

2.1. Un amor entrañable a María

La niñez del P. Kentenich no fue una niñez carente de dificultades y sufrimientos. Sabemos cómo su madre debió entregarlo a un orfanato cuando el pequeño José contaba apenas con 9 años.[1] Tenemos un testimonio impactante de ese momento. El joven sacerdote Kentenich lo relata en una plática dada a los jóvenes en 1914 sin darles a conocer que el sacerdote al cual se refiere es él mismo:

> Hace varios años en la Capilla de un orfanato, vi una estatua de la santísima Virgen con una cadena de oro y una cruz al cuello. Cadena y cruz eran recuerdos de primera comunión de una madre que, a consecuencia de difíciles circunstancias familiares, se vio obligada a dejar a su único hijo en ese orfanato. Ella misma ya no podía ser mamá para él. ¿Qué hace en la angustia de su corazón y en su preocupación? Va, toma el único valioso recuerdo de su infancia, su recuerdo de la Primera Comunión, y lo pone en el cuello de la Virgen suplicando con insistencia: "¡Educa tú a mi hijo. Sé para él plenamente Madre! ¡Cumple tú en mi lugar los deberes de Madre!" Hoy este hijo es un sacerdote de mucho celo y trabaja fecundamente para gloria de Dios y de su Madre celestial. *(P. Juan Pablo Catoggio, Autorretrato Padre Kentenich, Ed. Patris, 1985, pág. 18).*

El pequeño José había estado rodeado en sus primeros años de vida por el amor de su madre, Catalina, y de sus abuelos maternos. De ellos había recibido un amor sencillo y entrañable a María. Este amor penetró con gran profundidad en su corazón. El mismo lo confiesa con estas palabras:

> Ella (la santísima Virgen María) no ocupa este lugar en mi vida desde ayer o antes de ayer. (...) En cuanto fuera posible, quería depender sólo de la santísima Virgen. *(1955)*

1. Detalles de la vida del P. Kentenich se pueden encontrar en: P. Hernán Alessandri, *La historia del Padre Kentenich,* Editorial Patris, 1999. Y P. Engelbert Monnerjahn, *P. José Kentenich, Una Vida para la Iglesia,* Ed. Encuentro, 1985.

Desde los primeros años de su infancia lentamente fue surgiendo, explica el P. Kentenich en el texto recién citado, una jaculatoria que más tarde la formuló en esta forma:

> Ave, Inmaculada,
> por tu pureza,
> conserva puros mi cuerpo y mi alma;
> ábreme ampliamente tu corazón
> y el corazón de tu Hijo;
> dame almas,
> y todo lo demás, tómalo para ti.[2] *(HP, 626)*

En esta oración ya está contenido en germen lo que el P. Kentenich más tarde llegará a vivir y a predicar con plenitud. Destaca en ella la íntima unión de Cristo y María en el plan de salvación, aquella "bi-unidad" que nunca cesó de proclamar. Aparece María como la Inmaculada, la "Gran Señal" que Dios hace brillar en la aurora de los nuevos tiempos. Ella es la que "custodia", es decir, educa la persona entera, cuerpo y alma. Y por eso surge el gran anhelo: que María nos abra su corazón y el de su Hijo, para cobijarnos en él, para establecer en su corazón nuestra morada. A la vez todo está orientado en una dimensión apostólica: el servicio desinteresado y heroico a los demás.

José experimentó una inmensa soledad en su niñez y juventud, una

> total soledad interior, con la carencia de contactos vitales de todo tipo. (...) A posteriori se pudo comprender fácilmente el sentido de todo esto. En la medida de lo posible, el alma debía permanecer intacta de toda influencia extraña, sobre todo de índole personal, para estar abierta hasta en sus fibras más íntimas a quien es propiamente mi Maestra de Vida, a su poder plasmador y a su sabiduría educativa. *(1955)*

Podemos imaginarnos la soledad del pequeño José en el orfanato de Oberhausen a comienzos de siglo, y luego en el noviciado de los padres palotinos, donde ingresó en 1904, pues sentía la vocación de ser sacerdote y misionero[3].

2. La expresión "dame almas y todo lo demás tómalo para ti", está tomada del Génesis 14, 21.
3. Los padres palotinos, comunidad fundada por san Vicente Pallotti, en 1835, tenían misiones en Camerún, Africa.

Allí, en ese período, experimentó una fuerte crisis existencial que es particularmente significativa respecto a su carisma mariano. Su alma se sintió –como él mismo lo expresa– presa de un marcado individualismo, escepticismo e idealismo racionalista y por un unilateral sobrenaturalismo, que le impedía armonizar lo divino y lo humano.

Es la angustia –explica– de una mentalidad mecanicista que separa la idea de la vida, el yo del tú y lo sobrenatural del orden natural.

Preguntas para la reflexión personal

- ¿Experimenté yo también la soledad en mi niñez y adolescencia? ¿En qué circunstancias?
- ¿Tengo alguna oración dirigida a María que yo también haya rezado desde niño? ¿Cuál?
- ¿He sentido yo también la protección de María? ¿Recuerdo algún momento especial?
- ¿Qué impresión deja en mí esta etapa de la vida del P. Kentenich?

Y agrega:

> En esos años, el alma se mantuvo de alguna manera en equilibrio gracias a un amor personal y profundo a María. Las experiencias vivenciales de aquel entonces me llevaron a formular más tarde la afirmación: La santísima Virgen es por excelencia el punto en el que se entrecruzan lo terreno y lo celestial; la naturaleza y la gracia... Ella es la balanza del mundo, es decir, ella –por su ser y su misión– mantiene al mundo en equilibrio. *(1955)*

Sufre con angustia, pero aquello que lleva en lo más hondo de su ser, su íntimo y cálido amor a María, es su tabla de salvación. A partir de su vinculación a María supera la crisis, lo cual, al mismo tiempo, le muestra posteriormente la gran perspectiva y orientación de su carisma mariano. María no sólo es vista en sí misma, sino especialmente en su labor educadora frente a los grandes problemas que aquejan el alma moderna.

> En ella –relata el P. Kentenich más tarde– pude vencer lo que hoy conmueve a occidente hasta en sus raíces más profundas... Lo que protegió mi fe durante esos años fue un amor profundo y sencillo a María. El amor a María siempre regala de por sí esta manera de pensar orgánica... ¿A quién debo

agradecer todo esto? Viene de arriba. Sin duda de la santísima Virgen. Ella es el gran regalo. De este modo pude, además de la enfermedad, experimentar también en mi persona, y muy abundantemente, el remedio adecuado. *(1949)*

2.2. Camino hacia la fundación de Schoenstatt

Cuando el P. Kentenich es nombrado director espiritual en 1912 y asume su nuevo cargo, dirige una plática a los jóvenes estudiantes en la cual les presenta su programa. En ella expresa con claridad su objetivo:

> Bajo la protección de María, queremos autoformarnos como personalidades libres, sólidas y sacerdotales.

"Bajo la protección de María", con esas palabras invitaba a los jóvenes a hacer el mismo proceso que él había hecho: autoeducarse en estrecha unión a la Madre de Dios. Ya conocía vitalmente la fuerza transformadora que entrañaba la consagración a la Virgen María. Al mismo tiempo estaba convencido del papel que jugaba María en el plan de salvación junto a Cristo y que ello implicaba una voluntad concreta del Señor: como el apóstol Juan, debíamos recibirla en nuestra casa, abriéndole las puertas de nuestro corazón. Ella, como madre nuestra, nos llevaría entonces, paso a paso, hacia la plenitud de la edad en Cristo Jesús.

En esa prédica –que hoy llamamos "Acta de Prefundación" de Schoenstatt– junto con animar a los jóvenes en esta dirección, manifiesta veladamente otro anhelo: les habla a los estudiantes de la creación de una nueva estructura que les permita llevar a cabo sus propósitos:

> Aún nos falta lo principal: una organización interna, adecuada a nuestras circunstancias, a modo de las Congregaciones Marianas existentes en diversos colegios y universidades.

2.3. La Congregación Mariana

La actividad del P. Kentenich como director espiritual rápidamente se mostró fecunda. Los alumnos, acompañados por él, se dieron con entusiasmo a la consecución de la meta señalada. Pronto –en enero de 1913– crearon la "Asociación Misional". Después de un período de acentuación de la formación ética alcanzaron una mayor receptividad para lo religioso. La persona de María se había adentrado en sus corazones como la gran educadora que los transformaba y conducía a Cristo.

Surgió entonces con fuerza la idea de fundar una Congregación Mariana. Sin embargo, no fue tarea fácil. Los jóvenes que se habían decidido por ella tuvieron que enfrentar los prejuicios existentes entre sus compañeros y convencerlos de la conveniencia de transformar la Asociación Misional en una Congregación Mariana. El P. Kentenich, como método, dejó que lucharan por su idea sin que él interviniera. Además, cayó enfermo y debió ausentarse para su recuperación. Los jóvenes solos debieron llevar a su término los preparativos. Después de muchas deliberaciones se aprobaron oficialmente los estatutos, y el mismo día en que regresó el P. Kentenich a Schoenstatt, se llevó a cabo la fundación de la Congregación Mariana.

2.4. Prédica de la fundación de la Congregación Mariana (19 de abril de 1914)

Con ocasión de la fundación de la Congregación Mariana, el P. Kentenich pronunció una prédica donde aflora con vigor su carisma mariano. Dada su importancia, transcribiremos algunos párrafos que nos parecen especialmente significativos. En ellos se puede apreciar la aplicación de su pedagogía mariana.

2.4.1. *Un fundamento sólido*

Después de acentuar que han sido los jóvenes mismos quienes lucharon y consiguieron la aprobación de los superiores para fundar la Congregación, el P. Kentenich señala que todo lo sucedido no es producto de un capricho o ensueño juvenil. Subraya así que la devoción a María está asentada sobre un fundamento objetivo sólido:

> Sabemos lo que queremos. No nos orientan sentimientos "piadosos", propios del momento y de la irreflexión. Somos suficientemente varoniles, maduros y cuerdos como para ello. Y aún mucho menos fuimos impulsados por ilusos ensueños juveniles o por la charlatanería de una fantasía irreal. Si somos soñadores ilusos, entonces Aquél que tributó mayor devoción a la santísima Virgen, Cristo, sería también un soñador. (Documentos de Schoenstatt, *Ed. Patris, pág. 38, n. 2)*

2.4.2. *La historia de nuestra relación con María*

En un segundo paso el P. Kentenich se remonta a la experiencia personal que cada uno ha tenido de María.

> ¿Acaso no conocíamos ni amábamos hasta el presente a este ser escogido del género humano? –les dice–. Por el hecho de haber nacido de padres católicos, es algo normal que ella estuviese presente en el cielo sin nubes de nuestra primera infancia... Este amor fue alimentado y cultivado a lo largo de los años; en unos más y en otros menos, en la medida en que nuestros padres y el ambiente que nos rodeaba estaban penetrados por el amor a la santísima Virgen. *(Op.cit., págs. 39-40, n.3)*

Luego describe algo que probablemente la gran mayoría ha vivido. Sus palabras pueden ayudarnos a que nosotros mismos repasemos lo que ha sido nuestra propia historia. Les dice:

> Entretanto el niño se transformó en muchacho. Muchas cosas han cambiado en torno a nosotros. El amor maternal de la santísima

Virgen empero nos ha seguido acompañando, aun cuando, ¡quién sabe!, hubiésemos caído en la noche oscura de caminos desviados y pecados graves, por ligereza juvenil o a causa de alguna lamentable seducción. María no es tan sólo la estrella matutina, ni el majestuoso astro del día; con su luz ella alumbra también la noche. Es la "luna en la noche silenciosa", el refugio de los pecadores, la Madre de la misericordia. *(Ibidem)*

El P. Kentenich no usa el término "alianza de amor", pero su contenido está ciertamente presente en el concepto de consagración. Con fuerza insta a los congregantes a cultivar el amor a ella, a entronizarla en nuestro corazón, para que ella domine en él con ilimitado poder:

La congregación –afirma– quiere desarrollar esta relación mutua de la manera más ideal y fecunda posible. Ella quiere avivar este fuego latente convirtiéndolo en una llama luminosa, purificadora y santificante. En una época en que el amor hace palpitar nuestro corazón con una fogosidad desconocida y furiosa, la Congregación entroniza en nuestro corazón a aquella persona humana, la más digna de ser amada. *(Op.cit., pág. 41, n.4)*

Luego les explica el significado del símbolo que le ofrecerían a María y los mueve a entregarse por entero a ella de acuerdo a la *Pequeña Consagración,* que, desde entonces ha sido una oración predilecta en Schoenstatt.

Los cirios que pronto ofreceremos en el comulgatorio, como símbolo de nuestra consagración a María van a consumirse mientras arden. Así debe consumirse toda nuestra vida futura en todo tiempo, en todo lugar y en toda situación al servicio de nuestra excelsa Señora y Protectora.

A ella le pertenece nuestro cuerpo y nuestra alma, nuestra vida y muerte, nuestros trabajos, estudios y oraciones, nuestros sufrimientos y luchas. La oración de la Congregación que rezamos de mañana y al atardecer: "Oh Señora mía..." debe recordarnos una y otra vez nuestra promesa solemne e irrevocable; debe impulsarnos a expresar esta promesa con energía y tenacidad en la vida, a convertirla en obras. *(Op.cit., pág. 42, n. 5)*

2.4.3. Transformación y proyección apostólica

Ni en la Congregación Mariana como tal, ni en el P. Kentenich personalmente, podía faltar la proyección apostólica del amor y entrega a María. Ese apostolado debía estar respaldado por el sello mariano en nuestras actitudes:

> Un congregante –les dice a los jóvenes– no puede guardar en su interior su amor a María. *(Op. cit, pág. 43, n.7)*

2.4.4. Por María a Jesús

El P. Kentenich se distingue por considerar siempre a María explícitamente en su íntima relación con Cristo. Explica a los jóvenes que el fin próximo de la Congregación es María, pero que su fin último es Cristo Jesús.

> Si bien es cierto que el cuadro de la santísima Virgen domina la capilla[4], sin embargo, no constituye su centro. Este es única y exclusivamente el tabernáculo y quien lo habita: Cristo Jesús, alabado por toda la eternidad, punto de partida y fin de toda nuestra religión. Por lo tanto, la meta última de nuestra Congregación no es María, sino el Redentor. Nos consagramos sin reserva a la Virgen, para que ella nos conduzca a su Hijo divino ... *Per Mariam ad Jesum!* ¡Por María a Jesús! Esto es todo lo que quiere la Congregación. *(Op.cit., págs. 44-45, n 9 y 10)*

2.4.5. Soy tuyo, Madre

Al término de su prédica el P. Kentenich concluye con una hermosa alusión al cardenal Pie, alusión que nos recuerda hoy la persona y el lema de Juan Pablo II: *"Totus tuus"*, soy todo tuyo. Dice así:

4 Se refiere a la capilla del Seminario donde se encontraban.

La vivencia de la alianza de amor...

Si encontramos a Jesús y María, de esta manera hemos alcanzado lo más importante, el fin de nuestra educación: *Per Mariam ad Jesum ...*

En la lápida de la tumba del cardenal obispo Pie, en la Iglesia de Notre Dame de Poitiers, se encuentra la inscripción: *"Tuus sum ego, Mater"*. ¡Madre, soy tuyo! *"Tuus sum ego, Mater"*, así se había consagrado el cardenal cuando niño a su Madre celestial. *"Tuus sum ego, Mater"*, decía en cada acontecimiento importante de su vida. Así lo hizo al iniciar el sacerdocio, así también cuando fue elegido... No emprendió ninguna obra sin encomendársela a su Madre. *(Op. cit., pág. 48, n 15)*

Preguntas para la reflexión personal

- ¿Cuál ha sido la historia de mi relación con María?
- ¿Le he tomado el peso al lugar objetivo que posee la Virgen en el mundo de nuestra fe?
- ¿Por qué María nos conduce a Jesús?

  ¿Cuál es el fundamento de esta afirmación?
- ¿Cuál es la razón por qué esto a veces no se da en la vida de los católicos?
- ¿Por qué nuestra devoción a la Virgen María debiera caracterizarse por un compromiso apostólico?

  ¿No tendemos a cultivar una devoción a María demasiado sentimental o pietista?

Textos del padre Kentenich

El lugar de María en el plan de salvación

¿Cuál es el lugar que ocupa la santísima Virgen en el plan de salvación y cuál es el lugar que ocupa la santísima Virgen aquí, en la Obra de Schoenstatt?

Comenzando con la primera pregunta, debemos responder: su lugar está determinado por su tarea. ¿Cuál es la tarea de la santísima Virgen en el plan de salvación? La respuesta que da Grignon de Monfort es triple. Explica:

primero, su posición respecto al Cristo histórico,

segundo, su posición respecto al Cristo místico,

tercero, su posición al fin de los tiempos, en relación a la venida definitiva de Cristo.

¿Quién es la santísima Virgen de acuerdo a esta posición misteriosa que ella ocupa? Ella es el constante, el personificado movimiento hacia Cristo. Llamamos algunas veces a la santísima Virgen, en este sentido, "el remolino" de Cristo, una "catarata" de Cristo. Quien llega hasta la Virgen es arrastrado por ella como por un remolino que impulsa hacia Cristo y hacia la santísima Trinidad. No puede escaparse de este remolino. Si yo me lanzo al agua, entonces, puedo ponerme a nadar. Si yo, en cambio, caigo en un remolino, entonces, soy arrastrado con fuerza por éste.

El misterio de María no es otra cosa que una forma determinada del misterio de Cristo. Por eso ustedes pueden comprender lo que pienso cuando reitero que el misterio de María es una forma concreta, una garantía, el camino más seguro y más rápido y más corto para llegar a comprender y a vivir el misterio de Cristo y de la santísima Trinidad.

Ahora debemos preguntarnos en particular:

1. *¿Cuál es la posición de la santísima Virgen en el nacimiento del Cristo histórico?*

La santísima Virgen es simplemente el camino a través del cual el Salvador llegó al mundo. Era un camino que, hablando en forma absoluta, no era necesario. Dios podría haber creado la naturaleza de Cristo así como la de Adán y Eva. Su encarnación, por lo tanto, no es una necesidad absoluta sino condicionada, porque Dios así se dispuso a realizarlo de acuerdo a su plan. La segunda persona de la santísima Trinidad vino al mundo para redimirnos, y vino a través de la santísima Virgen. Si de acuerdo al plan de salvación concreto de Dios, la santísima Virgen poseía una función necesaria, si en el plan de salvación objetivo no era posible la redención sin la participación de la santísima Virgen, entonces el lugar que ocupa María es necesario para nuestra salvación. Sin la santísima Virgen (de acuerdo al plan de salvación concreto de Dios) no hubiésemos tenido la redención. Ella es, simplemente, la que da a luz a Cristo.

¿Qué podemos deducir de esto? Existe una indescriptible y profunda alianza de amor entre Cristo y María. El Señor ama sin límites a su Madre, y de modo semejante ella lo ama a él. "Les estaba sometido"... ¿Qué significan estas palabras? La perfecta entrega del Señor a su Madre. Los milagros que Cristo realizó, ya sean en el orden sobrenatural o natural, los hizo de modo singular a través de María. El primer milagro: la santificación de Juan Bautista en el seno materno; el segundo milagro: en las Bodas de Caná.

A la perfecta entrega del Señor a su Madre correspondió la perfecta entrega de ella a él. Esta entrega fue indeciblemente grande. Ella ofreció al Verbo el germen materno. Este es un servicio a Dios, un servicio al Señor, un servicio al Verbo de Dios, del modo más extraordinario como no puede ser imaginado. La santísima Virgen, después que pronunció su sí, nunca más conoció un interés privado propio. Estaba tan entregada a los intereses del Señor que desaparecieron, en forma absoluta, los intereses individuales.

Por eso acostumbramos a decir que ella es, por oficio, la que da a luz a Cristo. Ella tiene sólo un oficio: todo está en ella ordenado hacia Cristo. Ella preparó la ofrenda a través de todo lo que le regaló. Ella devolvió el Señor al Padre en el templo. Y en la cruz nuevamente se lo ofreció.

Con esto hemos dicho lo esencial para la comprensión de la posición de María respecto al primer nacimiento de Cristo.

2. *¿Qué sabemos sobre la posición de la santísima Virgen respecto al Cristo Místico?*

Cristo nace en nuestras almas a través de María. El orden objetivo de la salvación nos dice que la santísima Trinidad mantiene sus leyes en forma inconmovible. Tal como la segunda persona de la santísima Trinidad asumió la naturaleza humana en el seno de María, así también nosotros recibimos la participación en la naturaleza divina en el seno de María. Cristo pudo nacer en nosotros sólo a través de la santísima Virgen. Este es su segundo nacimiento en nuestra alma. Más adelante quiero probarles estas afirmaciones. En general, se acostumbra decir al respecto lo siguiente: la santísima Virgen es la Medianera universal de las gracias. Esto dicho de un modo escueto.

Grignon de Monfort aduce aquí dos fundamentos:

Primer fundamento: el camino a través del cual Cristo llegó a nosotros es también el camino a través del cual nosotros llegamos al Señor, a Dios: a través de y en María. En el seno de la santísima Virgen se realiza el gran milagro del nacimiento divino. "Y el Verbo se hizo carne". Por eso todos nosotros tenemos que introducirnos en el seno de María, para que así podamos recibir la vida divina. El seno de nuestra querida Virgen es el lugar irreemplazable donde nosotros recibimos la vida divina.

El segundo fundamento dice así: la santísima Virgen es Madre de Cristo y, a saber, del Cristo total. Cristo no es sólo una personalidad histórica sino también es Cabeza de su Iglesia.

Con esto hemos delineado la extraordinaria tarea de la santísima Virgen: conducir la humanidad hacia Cristo Jesús. La primera vez ella lo hizo cuando ofreció el germen materno al Verbo de Dios. Este germen fue asumido por la divinidad, por la santísima Trinidad; por esto: conducción de la humanidad hacia Dios. La humanidad debe albergarse en el seno de María. Mientras más perfectamente quiera una persona nacer en Cristo, tanto más perfectamente tiene que cobijarse en el seno, en el corazón de la santísima Virgen. El que quiera alcanzar la santidad no sólo debe estar junto a María, sino que debe tener la intención de vivir en el corazón de la santísima Virgen. Desde este punto de vista, pueden comprender lo que quiere decir Grignon de Monfort: la santísima Virgen es simplemente la forma de Cristo, la que nos conforma según Cristo.

Todos nosotros tenemos la obligación de conformarnos según la imagen de Cristo Jesús. El Señor es humilde, por eso yo también tengo que llegar a ser humilde. Me esfuerzo entonces por alcanzar todas las virtudes. Si yo me entrego a la santísima Virgen, Cristo toma forma en mí, en mi vida, porque María es la forma de Cristo, la que imprime en nosotros la imagen de Cristo .

Ustedes nunca llegarían a comprender a Schoenstatt si no lo viesen en estas amplias perspectivas.

Hay dos hermosísimas expresiones que Grignon de Monfort trae en sus libros. La primera: La santísima Trinidad quiere encontrar por todas partes, en todas las criaturas a la santísima Virgen. Y si no encuentra a María, entonces, no está satisfecha. El segundo pensamiento: el Espíritu Santo sólo realiza profundos milagros de transformación en el alma donde descubre a la santísima Virgen.

En esto consiste nuestro orgullo: que nosotros, como hijos de Schoenstatt, siempre luchamos por ser "otra María". Y cuando la santísima Trinidad contempla la imagen de María, entonces se regocija. ¡Cuán fecundamente ha actuado el Espíritu Santo porque él ha podido encontrar en los schoenstattianos nuevamente la imagen de María! Pueden entonces comprender el porqué los hijos de Schoenstatt han sido tan ricamente bendecidos: porque nosotros, como "altera María", hemos podido ser objeto de la especial complacencia de la santísima Trinidad. El Espíritu Santo ha encontrado la imagen de María.

Con esto hemos podido esclarecer de alguna manera la actividad, el misterioso lugar, la tarea que desempeña la santísima Virgen respecto al Cristo histórico y al Cristo místico.

3. La posición de la santísima Virgen en el nuevo nacimiento del Salvador al fin de los tiempos.

¿A qué se alude con esto? Vendrá un tiempo que ha sido señalado como una peculiar etapa de salvación en la historia salvífica. Y en esta etapa la santísima Virgen se va a manifestar de modo peculiar como la gran educadora de santos.

¿Cómo veneramos nosotros en Schoenstatt a la santísima Virgen? Este es nuestro orgullo: Ella actúa peculiarmente como educadora. Este es el lugar que debe ocupar la santísima Virgen en tiempos convulsionados. Ahora deben considerar de nuevo lo que significa: misterio mariano de Schoenstatt. Es la actividad que desempeña la santísima Virgen en el contexto de la totalidad de la redención, en cuanto es ejercido de modo especial desde sus santuarios de Schoenstatt. ¿Desde dónde conforma de modo singular la santísima Virgen a los hombres transformándolos en Cristo? Desde sus santuarios.

La santísima Virgen hizo surgir Schoenstatt para conducir en forma singular a los hombres hacia Cristo y para hacer de ellos grandes santos. Por eso nos entregamos por entero a la santísima Virgen tal como ella actúa en este lugar. ¿Cuál va a ser el efecto? Somos sumergidos en el remolino de Cristo y de la santísima Trinidad y, tarde o temprano, nos convertiremos en un pequeño tabernáculo de Cristo y de la santísima Trinidad. Así realizamos el sentido de nuestra vida a través de la consagración.

(P. Kentenich, 1952)

2.5. Una nueva irrupción de gracias: el 18 de octubre de 1914

Una infancia difícil; una juventud jalonada por fuertes crisis existenciales; ordenación sacerdotal y nombramiento como director espiritual; fundación de la Congregación Mariana: un largo recorrido en el cual destaca un denominador común: la entrega entrañable a María; y con ello, la singular experiencia de su poder como educadora, la fecunda labor pastoral entre los jóvenes que Dios había puesto bajo su cuidado paternal.

Nos encontramos ahora en un año decisivo para el P. Kentenich y para la historia mundial: 1914. Los estudiantes han partido a vacaciones en junio. El 1° de agosto estalla la primera guerra mundial.

En este marco se sitúa el nacimiento de Schoenstatt. El P. Kentenich trata de interpretar a la luz de la Divina Providencia qué quiere Dios de él y de la floreciente Congregación. Considerando lo sucedido entre 1912 y 1914 con los jóvenes, no podía sino pensar que Dios quería algo más:

> Quien conoce el pasado de nuestra Congregación, no tendrá dificultades en creer que la Divina Providencia tiene designios especiales para con ella. *(Op. cit. pág. 62, n, 7)*

Por otra parte, pensar que ello era posible, concordaba con una ley general en el reino de Dios:

> ¡Cuántas veces en la historia del mundo ha sido lo pequeño e insignificante el origen de lo grande, de lo más grande! (Ibidem)

Auscultando las voces del tiempo y las circunstancias, el P. Kentenich llegó a la convicción de que debía dar un nuevo paso. Ya no se trataba sólo del amor y de la entrega a María o de un efectivo apostolado mariano. Se trataba nada menos que de sellar con María una alianza en la cual ella se comprometía a establecerse en la pequeña capillita de Schoenstatt, abriendo una nueva fuente de gracias para la Iglesia y el mundo, y, por otra parte, él y los jóvenes se comprometían a hacer "abundantes contribuciones al capital de gracias" para atraerla, haciendo "suave violencia" sobre su corazón.

La vivencia de la alianza de amor…

Un "audaz pensamiento": aventurarse a pensar que Dios realmente lo quería y que no se trataba simplemente de un ensueño.

Guiado por la fe práctica en la Divina Providencia el P. Kentenich había llegado a formular una audaz idea: invitar a María a que se estableciese en la pequeña capillita de Schoenstatt y la convirtiera en un lugar de peregrinación. Al hacerlo, ponía en evidencia algo que también era muy propio de su modo de actuar. Se trata de la cooperación humana con la gracia; de lo que más tarde sería formulado como lema de Schoenstatt: *"Nada sin ti, nada sin nosotros"* y que expresa el modo concreto de vivir la alianza de amor en Schoenstatt. Por eso la invitación a María iba acompañada del ofrecimiento de un serio esfuerzo por la santidad. Así comprendemos el título que escribió en los apuntes de su plática:

> Aceleración del desarrollo de nuestra propia santificación y, de esta manera, transformación de nuestra capillita en un lugar de peregrinación. *(Op. cit. pág. 59)*

El 18 de octubre de 1914 significó así un acontecimiento de una densidad vital fuera de lo común. En él, Dios irrumpía nuevamente en la historia y se acercaba a nosotros en María para reactualizar la alianza sellada en Cristo con su pueblo y hacerla fecunda para nuestro tiempo en una forma original desde Schoenstatt.

Como en toda alianza, ambos contrayentes asumen un compromiso. El compromiso del contrayente humano (el P. Kentenich y los jóvenes) consistía en hacer abundantes contribuciones al capital de gracias para que ella se estableciese espiritualmente en el santuario, de acuerdo a su petición: "Pruébenme primero por hechos que me aman realmente y que toman en serio su propósi-

Preguntas para la reflexión personal

- ¿He experimentado en mi vida, en algún momento o período, una acción especial de Dios que haya marcado mi historia personal? ¿Cuáles han sido esos momentos?
- ¿He sentido que Dios me ha pedido algo especial a través de los acontecimientos sea de orden personal, familiar o de otro orden? ¿En qué otra ocasión?
- ¿Qué momentos de alianza recuerdo de la historia de salvación?
- ¿Cuáles fueron esos momentos en la vida de la Virgen?

to"; "es esta propia santificación (autoformación) la que exijo de ustedes". El compromiso de María consistía en establecerse espiritualmente en el santuario, atrayendo desde allí a los corazones jóvenes, para educarlos y hacer de ellos instrumentos de un movimiento de renovación.

El 18 de octubre de 1914 marcó decisivamente la vida del P. Kentenich. Todo lo que él llevaba en su corazón, sus anhelos y proyectos, su amor y entrega a María habían adquirido un sello definitivo: en el futuro su vida estaría esencialmente ligada a esta alianza sellada en el pequeño santuario de Schoenstatt.

2.6. Un desarrollo histórico extraordinariamente bendecido

2.6.1. Instrumento en manos de María

La entrega a María cobraba ahora para el P. Kentenich una dimensión antes impensada. Se veía a sí mismo indignamente elegido por María como un instrumento predilecto para llevar a cabo una obra de extraordinaria importancia para la Iglesia y el mundo actual, una obra íntimamente ligada al ser y a la misión de María. Nunca pensó que lo que surgió a partir del 18 de octubre de 1914 era producto de su entrega o propia genialidad pedagógica. De ello da testimonio especialmente cuando cumple 25 años de sacerdocio. Estas son sus palabras:

> Sé, y lo reconozco gustosamente, que hay pocas vidas sacerdotales tan extraordinariamente bendecidas como lo ha sido la mía. Pero agrego al mismo tiempo: todo lo que ha surgido, lo que se ha realizado a través mío y de ustedes, surgió por obra de nuestra Madre tres veces Admirable de Schoenstatt.
>
> (...) Sé también que la santísima Virgen ha puesto a mi disposición, de manera muy singular, su omnipotencia suplicante y su corazón maternal. Esto lo han experimentado también ustedes y lo pueden comprobar históricamente. Desde el momento en que ella se estableció en este santuario, puso a mi disposición su poder y su corazón maternal

para la obra que yo debía llevar a cabo. *(Juan Pablo Catoggio, Autorretrato del P. Kentenich, Ed. Patris, 1985, pág. 26-28)*

Lo que en un comienzo pudo haber sido considerado como una ilusión o simplemente un deseo piadoso, se había demostrado como plan de Dios. El 18 de octubre marcó lo que el P. Kentenich llamó más tarde el primer hito de la historia de Schoenstatt. Constituye una extraordinaria irrupción de gracias en la historia de la Iglesia. Dios confirmó –esto lo avalan los hechos– que él verdaderamente quería que María estableciese su trono de gracias en la capillita de Schoenstatt. La pequeñez de los instrumentos, la magnitud de las dificultades y la extraordinaria fecundidad que se dio en el transcurso de los años, eran prueba suficiente de que la santísima Virgen había aceptado la invitación de establecerse espiritualmente en su santuario de Schoenstatt y regalar en él las gracias del arraigo en Dios, de la transformación interior y del envío y fecundidad apostólica.

La entrega heroica de los congregantes en la guerra; el ofrecimiento de su vida a María, la expansión y desarrollo después de la guerra de lo que se inició en el silencio; todo lo que fue surgiendo, corroboraba la "resultante creadora" de algo que, sin duda, había sido más que una iniciativa humana. Poco a poco se va conformando, desde el pequeño santuario, un tipo de hombre y de comunidad marcado con el sello de María.

El P. Kentenich está cada vez más convencido de que a María le urge hacerse presente en una Iglesia necesitada de renovación y de una nueva vitalidad, para enfrentar creadoramente los nuevos tiempos. Su santuario de Schoenstatt debía ser considerado en esta perspectiva.

Esta convicción la expresa en forma solemne en una plática dada en 1929:

> A la sombra del santuario se codecidirán esencialmente los destinos de la Iglesia para Alemania y aún más allá, en los próximos siglos.

Por cierto, nunca pensó que esos destinos se decidieran sólo desde Schoenstatt. Por eso habla de un "co-decidir". Cada persona y cada comunidad está llamada a hacerlo. Sin embargo, esto no le impedía pensar que el aporte que Schoenstatt, es decir, que María quería dar a la Iglesia desde su santuario de Schoenstatt, era esencial.

La fe en la realidad de la alianza de amor sellada en 18 de octubre de 1914 y en la presencia de María en el santuario, domina en adelante toda la vida y obra del P. Kentenich. El se sabe y se siente sólo un instrumento en sus manos. En 1950 dice:

> Tengo la impresión de no haber hecho absolutamente nada en todos estos cuarenta años. Pero no crean que es exageración. Es literalmente así. Hay estados de ánimo muy particulares que el Señor acuñó en forma clásica: "y cuando hayan hecho todo, digan: siervos inútiles somos..." Ciertamente, se puede pensar que he trabajado mucho *(Op.cit. pág. 29)*

En otra ocasión afirma algo semejante:

> No me avergüenzo de confesar que considero toda mi actividad sacerdotal como obra e instrumento de su mano. Si en estos días les he podido prestar algún servicio, entonces deben dar las gracias a ella, pues a ella atribuyo conscientemente todo. He aquí también la razón por la cual realizo continuamente mi tarea con una paz soberana: me siento dependiente de ella como su obra e instrumento...
>
> Personalmente –y junto con los que trabajan conmigo– vivo de dos expresiones que pronunciara san Vicente Pallotti: "Mater habebit curam!", ¡la Madre cuidará!... La segunda expresión: "La santísima Virgen es la Gran Misionera, ella obrará milagros *(Op. cit., pág 29-30)*

Schoenstatt crece a la sombra del santuario. Nacen nuevas comunidades: la Federación Apostólica (1919); la Liga Apostólica (1920); las Hermanas de María (1926). Se construye una gran Casa de Retiros en las cercanías del santuario: la "Casa de la Alianza". Cada día es mayor la afluencia de peregrinos a este lugar. Allí la acción educadora de María se experimenta con gran fuerza.

Ahora bien, todo este crecimiento está a la vez claramente marcado por el contexto histórico en que se da. Como indicamos más arriba, para el P. Kentenich es determinante el auscultar la voluntad de Dios dejándose guiar por la fe práctica en la Divina Providencia. Por eso está atento a los signos del tiempo. Dios escribe con garras de león, dirá más tarde, en el acontecer del mundo actual. Recordemos que en 1917 estalla la revolución rusa y que el marxismo se implanta con una extraordinaria conciencia de misión y fuerza de conquista. Por otra parte, en 1933 Hitler asume el poder en Alemania. Con impresionante vigor, en forma semejante, instaura el tercer Reich: el reino nacionalsocialista. Todo esto, junto a un creciente progreso científico-técnico y la proliferación del "hombre masa", constituye para el P. Kentenich un claro llamado de Dios a forjar un nuevo tipo de hombre cristiano que dé respuesta a los desafíos del tiempo.

La misión que la santísima Virgen quiere realizar desde su santuario va justamente en esa dirección: forjar un nuevo tipo de comunidad sobre la base de hombres nuevos, y entregar a la Iglesia una pedagogía y espiritualidad marianas que la capaciten para ello.

Lo que había surgido en Schoenstatt no era sólo un lugar más de devoción a María. El P. Kentenich veía a María como la Gran Señal que Dios hacía aparecer en el horizonte de nuestra época y como la Vencedora de las herejías antropológicas. Es decir, en relación con las herejías que atañen al hombre, al sentido de su existencia, a su relación con Dios, a su identidad como varón y mujer, a su libertad, a su carácter social y comunitario, etc.

Lo que conmovió tan profundamente los fundamentos de una antropología cristiana en el siglo XX y que sigue conmoviendo a la humanidad en este siglo, según el P. Kentenich, encuentra respuesta en la persona de María y en la función que Dios le ha asignado en el plan de redención. Según el funda-

dor de Schoenstatt, caminamos hacia una nueva época histórica, hacia una nueva cultura, que estará marcada por un sello mariano sin precedentes.

2.6.2. Veinticinco años de historia

El P. Kentenich trabaja intensamente en la forjación y consolidación de Schoenstatt como "caso preclaro" o experimento de laboratorio de lo que debería hacerse luego realidad a gran escala. Alemania se encuentra en pleno apogeo del nazismo. Debido a su carácter totalitario y a la persecución que cada día se hace más intensa frente a la Iglesia, Schoenstatt se ve obligado progresivamente a descender a las catacumbas. La Casa de Estudios en Schoenstatt fue requisada y destinada a ser escuela de profesores nazis. Hitler prohibe las organizaciones católicas y, por ello, los grupos del Movimiento deben entrar en la clandestinidad. El 1° de septiembre de 1939 estalla la segunda guerra mundial.

En esta situación el P. Kentenich decide dar un nuevo paso en la alianza de amor con María. Se hacía necesaria una entrega aún más radical y total a ella. Prepara entonces a la Familia a entregarle un "poder en blanco", es decir, una total disponibilidad a su voluntad y a la voluntad de Dios.

Al mismo tiempo surge en la Familia una corriente de coronación: María es Reina y debe mostrarse como Reina en las difíciles circunstancias que se avecinaban. Ella debía tomar el cetro y guiar a la Familia en medio de la nueva crisis mundial.

En estas circunstancias Schoenstatt cumple sus 25 años de vida. El Padre fundador puede entonces hacer un primer balance de su historia. Para él es claro que todo lo que ha surgido en Schoenstatt tiene su explicación en la alianza de amor con María. Encontrándose en Suiza, escribe desde allí las *Palabras para la ocasión,* conmemorando el 18 de octubre de 1914. Más tarde ese documento fue denominado "Segunda Acta de Fundación". En él manifiesta

una vez más su amor y reconocimiento a quien desde ese tiempo es llamada oficialmente Madre y *Reina* de Schoenstatt.

> Una mirada escudriñadora a través de los 25 años transcurridos nos hace repetir con profunda devoción las palabras del salmista: "¡Alabaré eternamente las misericordias del Señor!". Todo lo grande y valioso que hemos recibido durante este tiempo, en este santo lugar, está íntimamente ligado con la Madre, Señora y Reina de Schoenstatt. Simplemente ella es el don que la sabiduría, bondad y omnipotencia divina ha querido regalar, de un modo especial, el 18 de octubre de 1914 a nuestra Familia y, por su intermedio, nuevamente al mundo entero. Lo que se ha realizado desde acá es obra suya. *(Documentos de Schoenstatt, pág. 86, n. 5)*

Después de esta confesión, el P. Kentenich pasa a hacer una larga enumeración, al modo de una letanía de gratitud, de todo lo que Schoenstatt debe a la alianza de amor con María, a y su acción en el santuario. Concluye diciendo:

> La fuerza avasalladora de su amor, de su bondad y cuidado por nosotros, nos hizo fácil que, por libre elección y libre voluntad nuestra, la entronizáramos siempre de nuevo como Reina de nuestra Familia y de nuestros corazones. Por consiguiente, ella ordena y dispone sobre el mundo de Schoenstatt con soberana libertad, no sólo en virtud del derecho de conquista, sino también en virtud de nuestro derecho de elección. *(Op. cit, pág. 89, n. 19)*

Mirando al futuro reafirma la necesidad de conservar con firmeza inquebrantable el carácter mariano de Schoenstatt y de realizar en este sentido un efectivo apostolado:

> Si el amor a María en el pasado nos ha colmado de tantos bienes, ¡cuánto más podremos esperar, ahora que la Familia entera se ha entregado a ella con plena conciencia, profundamente y para siempre en el sentido del poder en blanco!

Pero no nos damos por satisfechos con guiarnos siempre por la santísima Virgen como modelo e intercesora. Según el plan de Dios, ella puede y debe ser también fin parcial orgánico de nuestra labor apostólica. (...)

El hecho de que su influencia en la acción pastoral sea, asimismo, sumamente fecunda para triunfar sobre los errores que se presentan periódicamente, lo prueba la experiencia de la Iglesia. Por eso confiesa y canta: Omnes haereses tu sola interimisti in universo mundo!, ¡tú sola venciste todas las herejías del mundo! *(Op. cit., págs.108-110, n.71, 72 y 79)*

Preguntas para la reflexión personal

- ¿Podría hacer yo una letanía de gratitud a la Virgen María? ¿Qué cosas pondría en ella?
- ¿Qué me dice la escena de las bodas de Caná en relación al papel que juega en ella la Virgen?
- ¿Creo que ella continúa en el cielo intercediendo por nosotros de modo semejante?
- ¿Recurro a su intercesión? Si no lo he hecho, ¿por qué cosa le pediría que ella intercediera ahora por mí?

2.7. Etapa de profundización

2.7.1. Dachau

En septiembre de 1941, la Gestapo (la policía secreta del estado) llega a Schoenstatt para detener al P. Kentenich, quien se encontraba predicando un retiro para sacerdotes. Consigue demorar su prisión hasta concluir el retiro. Se presenta en el cuartel de la Gestapo en Coblenza el 20 de ese mes. Desde ese día, después de los interrogatorios, debe permanecer, hasta el 18 de octubre, en el "Bunker", una mazmorra estrecha, insalubre y sin luz. Luego es trasladado a la cárcel de Coblenza y, desde allí, el 11 de marzo, al campo de concentración de Dachau. En Dachau permanece tres años y dos meses, hasta el 6 de abril de 1945.

2.7.2. Las oraciones de Dachau

Es mucho lo que se podría decir del P. Kentenich durante este tiempo en relación a la alianza de amor con María. Pensemos tan sólo en el significado del segundo hito de la historia de Schoenstatt, el 20 de enero de 1942 y su entorno, y en la profundización de la alianza de amor en el espíritu de la Inscriptio, es decir, del amor a la cruz. El desarrollo detallado de los hechos puede seguirse en la literatura que indicamos anteriormente.[6]

Hemos preferido, más bien, remitirnos a las oraciones que él dictó durante este período. Estas oraciones tienen la propiedad de abrirnos el corazón del P. Kentenich y mostrarnos su trato íntimo, sencillo y profundo con María. Lo que él nos entrega en ellas es su experiencia, lo que siente y vive en relación a María. El mismo hizo una selección de ellas en el libro de oraciones que tituló *"Hacia el Cielo" (Himmelwärtst),* conocido entre nosotros como el *"Hacia el Padre"*. Leerlas con atención, rezar con ellas, nos moverá también a nosotros a adentrarnos en una cálida relación con María semejante a la suya.

6 Ver nota n. 1, pág. 71

a. Don de Dios

Una y otra vez repitió el P. Kentenich a lo largo de su vida que la santísima Virgen era el "alma de su alma"; que todo se lo debía a ella; que ella era el gran don de Dios. En el *Via Crucis del Hacia el Padre* lo resume así:

> Con tu bondad inefablemente generosa
> has regalado a Schoenstatt
> la flor más noble de la humanidad;
> queremos ponerla
> en el santuario del corazón
> y llevarla hacia el mundo con audacia. *(HP, 267)*

b. Gratitud

Si hemos recibido todo a través de María, entonces corresponde expresarle de corazón nuestra gratitud. En *El Espejo del Pastor* el P. Kentenich escribe una larga letanía de gratitud que termina en cada estrofa con un estribillo: "¡Qué hubiese sido de nosotros sin ti, sin tu cuidado maternal!". Expresa así la conciencia agradecida de contar siempre, en cada circunstancia, con la presencia y con ayuda de la santísima Virgen:

> Gracias por todo, Madre,
> todo te lo agradezco de corazón,
> y quiero atarme a ti
> con un amor entrañable.
> ¡Qué hubiese sido de nosotros
> sin ti, sin tu cuidado maternal!
>
> Gracias porque nos salvaste
> en grandes necesidades;
> gracias porque con amor fiel
> nos encadenaste a ti.
> Quiero ofrecerte eterna gratitud
> y consagrarme a ti con indiviso amor.
> Amén. *(HP, 559-560)*

c. Confianza

El abandono filial en manos de María es característico en el P. Kentenich. Se entrega a ella confiando plenamente en su poder, su sabiduría y su bondad. Ella es madre y es reina. Como madre nos ama y como reina tiene el poder para ayudarnos. Esta realidad infundía al P. Kentenich una paz inalterable en su alma. De modo semejante a la letanía de gratitud, escribe una larga secuencia en la cual va mencionando diversas circunstancias de la vida. Después de cada una, dice a María:

> En tu poder
> y en tu bondad
> fundo mi vida;
> en ellos espero
> confiando como niño.
> Madre Admirable,
> en ti y en tu Hijo
> en toda circunstancia
> creo y confío
> ciegamente.
> Amén. *(HP, 632)*

En la Oración Matutina del *Hacia el Padre* encontramos también un reiterado testimonio de total confianza en María con el trasfondo de nuestra pequeñez y desvalimiento:

> Cuando consideramos nuestras propias fuerzas,
> toda esperanza y confianza flaquean;
> Madre, a ti extendemos las manos
> e imploramos abundantes dones de tu amor. *(HP, 13)*

La confianza ilimitada en María del P. Kentenich no sólo la refiere a su propia persona sino igualmente a todos los que han sellado la alianza de amor con la Madre y Reina de Schoenstatt. Siempre ponía en el corazón de la Virgen a los suyos:

Han sellado una alianza contigo:
se conserve firme como fundida en bronce;
entonces los sé bajo un seguro y fiel amparo
y no temo la furia salvaje del diluvio.

Por esto, a cuantos me son queridos, nuevamente
los inscribo en tu corazón a sangre y fuego
y recorro sin angustia el camino de vida
que la sabiduría del Padre ha previsto. *(HP, 533-536)*

Nada, absolutamente nada, puede perturbarnos si permanecemos en el corazón de María:

Aunque nos amenacen el mundo y el Demonio,
o tempestades se ciernan sobre nosotros,
tú vences todos los peligros
y nos concedes tu inmenso poder.
Tu corazón, puerta del cielo,
es siempre nuestro seguro amparo. *(HP, 610)*

d. Derechos de amor

La alianza de amor nos confiere derechos de amor sobre María. Filialmente podemos siempre "importunarla" con peticiones filiales.

Madre, acógenos solícita
bajo tu manto
para que nuestro caminar
siempre sea en el cielo;
a quienes acudimos a ti con grandes necesidades,
protégenos del hambre, de la peste y del fuego.[7]

Generosamente despliega hoy
tu corazón de madre;
y como Colaboradora del Señor Jesús,
manifiesta en plenitud
tu poder y tu bondad
allí donde irrumpen violentos poderes infernales.
(HP, 501 y 506)

7 Recordemos que el P. Kentenich se encontraba en ese momento en el campo de concentración de Dachau.

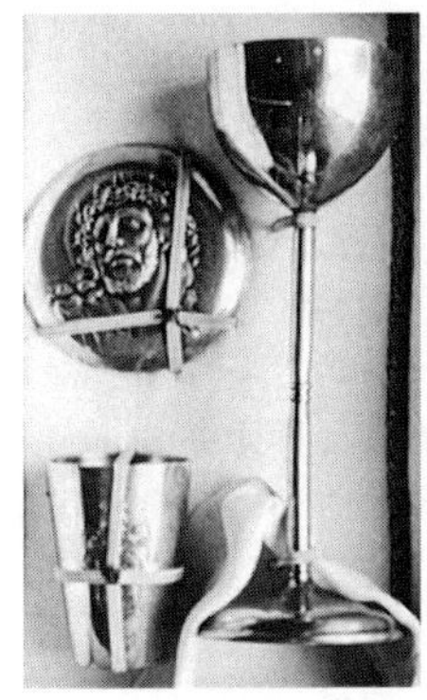

e. Biunidad de Cristo y María

Como hemos destacado anteriormente, desde temprano, el P. Kentenich visualizó y vivió en forma intensa la unidad entre Cristo y María. Nunca vio a María separada de Cristo. Su ser está unido en una insondable comunidad de vida, de amor, de destino, de sufrimiento y fecundidad con el Señor. Esa unidad (o "biunidad", como la denomina el P. Kentenich), que corresponde al plan de Dios, marca profundamente la devoción a María en Schoenstatt.

> Concededme entregar a los pueblos,
> como el signo de Redención,
> tu cruz, Jesucristo,
> y tu imagen, María.
> ¡Que jamás nadie separe
> lo uno de lo otro,
> pues en su plan de amor
> el Padre los concibió como unidad! *(HP, 332)*

La imagen que posee el P. Kentenich de María está integrada en la totalidad del mundo sobrenatural. Con María vamos en Cristo, por el Espíritu Santo hacia el Padre. Siempre aparece María en nuestro horizonte en relación con la Trinidad, con la Iglesia y el Reino de Dios.[8]

f. Proyección apostólica de la alianza de amor

El P. Kentenich se definía a sí mismo como "obra e instrumento" de María. Igual cosa decía respecto a Schoenstatt. Su entrega a María siempre comprendió la proyección apostólica. Hemos sido llamados a participar con y como María, la compañera y colaboradora de

8 Ver los libros *Cristo nuestra Vida, Fuego de Dios, En las Manos del Padre y La santísima Trinidad,* publicados por Editorial Patris, Chile. Recogen textos del P. Kentenich y cada libro contempla un capítulo sobre María en relación a las Personas de la Trinidad.

Cristo Jesús, en su obra redentora. La alianza de amor se proyecta y se prueba en nuestro compromiso apostólico. Por eso reza:

Madre tres veces Admirable,
consérvanos siempre como instrumento tuyo;
haz que con amor, hoy y todos los días,
nos pongamos a tu servicio.
Según los deseos de Dios, usa de nosotros
enteramente para tu Reino de Schoenstatt. *(HP, 497)*

Acepta que te proclamemos
Reina del Universo;
enciéndenos en un ardiente amor por ti;
haz que inflamemos al mundo entero en tu servicio,
para que todos los pueblos
encuentren el camino seguro hacia la Patria.
Tu santo corazón es para el mundo
el refugio de paz,
el signo de elección
y la puerta del cielo.
Amén. *(HP, 541)*

Preguntas para la reflexión personal

- ¿Qué oraciones me llamaron más la atención?
- Leerlas lentamente y subrayar las frases que más me tocan interiormente.
- Luego preguntarme qué me dice a mí, personalmente, esa oración o frase.
- ¿No podría escribir una o varias oraciones dirigidas a María?

g. Aseméjanos a ti

El amor une y asemeja; comprende el impulso a agradar al tú y a superar en nosotros todo lo que a éste no le agrada. Por eso la alianza de amor nos identifica con María. El P. Kentenich decía que debíamos ser nosotros mismos las "apariciones" de María . Ella quiere recorrer en nosotros el mundo y conducirlo a Cristo Jesús.

Aseméjanos a ti y enséñanos
a caminar por la vida tal como tú lo hiciste:
fuerte y digna, sencilla y bondadosa,
repartiendo amor, paz y alegría.
En nosotros recorre nuestro tiempo
preparándolo para Cristo Jesús. *(HP, 609)*

2.8. Schoenstatt, corazón de la Iglesia

2.8.1. En busca de aliados

El fin de la guerra se acerca y los aliados llegan al campo de concentración de Dachau, que había sido abandonado por los nazis en retirada. El 20 de mayo de 1945, el P. Kentenich regresa a Schoenstatt. El tiempo en el campo de concentración había reafirmado en él el convencimiento del carácter sobrenatural de Schoenstatt como obra de Dios. Estaba plenamente convencido de que Dios había hecho surgir a Schoenstatt para el cambio de época que estaba viviendo el mundo, para servir a la Iglesia y ayudarla a alcanzar la nueva ribera de los tiempos. La Familia había cumplido la condición de la alianza de amor: se había entregado a María en el espíritu del Poder en Blanco y de la Inscriptio.

Llegaba ahora el momento de "tirar del carro de triunfo de María", proclamando su misión por todo el mundo. Dios pedía –así lo sintió– que Schoenstatt debía llegar al corazón de la Iglesia. La jerarquía de la Iglesia debía conocer, acoger y "aprovechar" lo que Dios le había regalado en esta obra de María.

Para el P. Kentenich la guerra había sido una fase dentro de un proceso cultural que no terminaba con ella. Veía con claridad el avance de occidente a su ruina, presa de lo que él denominaba "espíritu colectivista o mecanicista". El hombre había cortado el vínculo que lo unía al Creador y ello necesariamente traía como consecuencia desintegración y corrupción. La utopía de un humanismo sin Dios se mostraba cada vez con mayor fuerza aunque en forma diversa a lo que había encarnado el nacionalsocialismo. Por otra parte, comprobaba que la vitalidad de la Iglesia no era suficiente para enfrentar esta realidad y ser alma de la nueva cultura emergente, impregnándola del espíritu de Cristo.

Su diagnóstico de la época se había delineado con claridad: la raíz del mal que aquejaba el alma de nuestra cultura era la separación mecanicista de fe y

vida; de lo natural y lo sobrenatural; de Dios y de la criatura. Un modo de pensar, amar y vivir mecanicistas se imponía cada vez más. Urgía vencerlos por el cuidadoso cultivo del pensar, amar y vivir orgánicos, que unen fe y vida, naturaleza y gracia, Dios y hombre. Para el P. Kentenich, este programa estaba íntimamente relacionado con la persona y la misión de María.[9]

El fundador de Schoenstatt destaca el hecho de que en la Virgen María se conjuga en forma admirable la acción de Dios y la cooperación humana; el orden natural y el orden sobrenatural. Por ello, si estamos llamados a salvar la imagen del hombre y su relación con Dios, hoy más que nunca debemos mirar a María. Es necesario acogerla en nuestro corazón. Así, en alianza con ella, podremos experimentar una sanación interna, que nos capacite para dar una respuesta verdadera al mundo actual.

El intento de buscar una mayor acogida y comprensión de esta misión mariana no fructificó en la Iglesia alemana. Amplios círculos mostraban desconfianza y rechazo al "exagerado" marianismo de Schoenstatt. Por eso, cuando el P. Kentenich decide emprender sus viajes al extranjero, en 1947, junto con su deseo de visitar las fundaciones de las Hermanas de María y el naciente Movimiento en los lugares donde lentamente comenzaba a echar raíces, parte con la esperanza de encontrar en otros países, especialmente en el ámbito latino, aliados que estuviesen dispuestos a compartir con él su misión de vida.

Es así como el P. Kentenich llega a Latinoamérica. Con alegría constata que "el alma latina es naturalmente schoenstattiana". Percibe el amor de nuestros pueblos a la santísima Virgen y su modo de pensar, de amar y de vivir básicamente sano. El bacilo del colectivismo aún no había causado estragos profundos en ellos y urgía la necesidad de que se enrolasen en la cruzada mariana de la cual él se sabía instrumento e impulsor.

9 Para mayor explicación sobre esta visión del P. Kentenich, ver P. Rafael Fernández, *El 31 de mayo, una misión para nuestro tiempo,* y P. Hernán Alessandri, *La Propuesta Evangelizadora de Schoenstatt,* ambos de Editorial Patris.

Entretanto, mientras se encontraba en América Latina, se llevó a cabo una visitación apostólica en Schoenstatt por parte del obispo de Tréveris, diócesis a la cual pertenece Schoenstatt. El informe que hizo el visitador contenía serias críticas a la Familia en el plano de las prácticas pedagógicas, dejando en claro que en el orden de la doctrina y la moral no había objeciones. El P. Kentenich, sin embargo, vio en los reparos del visitador una expresión más de la mentalidad mecanicista que, a su juicio, traía funestas consecuencias para la Iglesia y la cultura. Esa mentalidad cerraba el camino a una presencia y acción más amplia y profunda de María tal como él consideraba necesario y urgente.

Dadas así las circunstancias, decide enviar una amplia respuesta al visitador y, por su intermedio, a los obispos alemanes. Más tarde explica:

> Escribí indicando continuamente el peligro que corre el occidente cristiano de ser socavado interiormente por la mentalidad colectivista y señalando la misión de la santísima Virgen para salvar el cristianismo. Lo hice extensamente, con claridad científica y franqueza responsable, movido por una seria preocupación por el futuro de la Iglesia. Califiqué al pensar mecanicista como el "obstáculo más grande" para la eficacia de la misma y de "precursor" del enemigo universal del cristianismo. Un pensar mecanicista que ha invadido amplios círculos dirigentes cristianos, y que puede y debe ser superado por la forma de pensar y vivir orgánicas, tal como ésta se realiza en la pedagogía de vinculaciones. *(1954)*

En esa ocasión, el P. Kentenich, ante un pequeño grupo de Hermanas de María, en el recién bendecido santuario Cenáculo de Bellavista, pronuncia una memorable plática, en la cual hace un llamado y un acto de envío a toda la Familia de Schoenstatt. Es lo que más tarde él denominó "la Misión del 31 de mayo" y que marca el tercer hito de la historia de Schoenstatt.

Nos detendremos en esta prédica porque en ella aflora una vez más la relación del Padre fundador con María, el lazo de amor que une a ambos y que lo lleva a dar todo por la misión de María para nuestro tiempo.

2.8.2. La plática del 31 de mayo de 1949

El padre fundador siente que está viviendo un momento crucial para él y para la Familia de Schoenstatt, semejante al que había vivido el 20 de Enero de 1942 cuando da el arriesgado paso que terminó con su destinación al campo de concentración de Dachau. Lo que ahora estaba en juego no era en primer lugar su propia persona, sino la misión que Dios le había confiado y el destino de la Familia. Se trataba de un momento cumbre de su alianza de amor.

a. Un intercambio de amor con María

La carta que envió al visitador respondía a una urgencia interior que el P. Kentenich hacía años llevaba en su alma[10]. Todo se daba en relación con la alianza de amor sellada con la Madre y Reina tres veces Admirable el 18 de octubre de 1914. En aquella memorable plática, dice:

> Séame permitido expresar lo que mueve nuestras almas en estos momentos y revestir de palabras lo que sienten nuestros corazones. Venimos para dar y recibir. Queremos intercambiar con la santísima Virgen todo nuestro desvalimiento, nuestra buena voluntad y nuestra fidelidad. Le damos nuestra buena voluntad y ella nos da su buena voluntad. Le damos nuestra fidelidad y ella nos da su fidelidad.
>
> Esta contraposición nos recuerda espontáneamente que el pensamiento central que nos mueve, que nos impulsa constantemente, y que nos asegura una paz inalterable en todas las situaciones, es el pensamiento de la alianza. También ahora él está en el primer plano de nuestros intereses. El nos da la respuesta a todas las preguntas que esperan una solución. Los dos contrayentes que desde hace tanto tiempo van unidos, se vuelven a enfrentar de nuevo en este lugar santo. ¿Y qué es lo que quieren? *(Documentos de Schoenstatt, p.179, n 6 y 7)*

"Los dos contrayentes que desde hace tanto tiempo van unidos...". Tras él había una larga historia, cuyos inicios se remontaban a su primera infancia.

10 Esa carta, iniciada en Chile, la continuó en Argentina y Brasil. Posteriormente, se le denomina *"Epistola perlonga"*, la larguísima carta, que llegó a ser un documento de unas 400 páginas.

Hoy, con 64 años, se encontraba en la plenitud de su vida y de su obra. La alianza de amor que había sido el hilo conductor de su existencia le movía a realizar una vez más un intercambio de desvalimiento, buena voluntad y fidelidad con ella. También ahora esa alianza estaba en primer plano. Una alianza en la cual ambos, ella y él, daban y recibían.

b. El horizonte mariano de la misión

Las palabras del P. Kentenich muestran claramente el horizonte de su propuesta mariana. Esta trasciende ampliamente los límites de una devoción personal de carácter intimista. Más todavía: en ese momento no estaba en juego algo personal o que tuviese que ver primeramente con la obra de Schoenstatt en sí misma. Se trataba de algo trascendente: de la misión de la santísima Virgen frente a occidente. Lo que preocupaba al P. Kentenich era el rumbo que estaba siguiendo nuestra cultura:

> Vemos cómo occidente camina a la ruina y creemos que estamos llamados desde aquí a realizar un trabajo de salvataje, de construcción y de edificación. Creemos que tenemos que ofrecernos como instrumentos para impulsar una contra-corriente que vuelva a los países de los cuales también nosotros hemos sido abundantemente beneficiados… *(Op. cit., pág.181, n. 20)*

El P. Kentenich actúa por responsabilidad histórica, pues se sabe responsable con María y por ella de los destinos del mundo. Le importa occidente y la Iglesia. Es ella la que quiere valerse de nosotros como sus instrumentos para imprimir en los nuevos tiempos la faz de Cristo:

> ¿Será acaso un don que nos hace en pago, un reconocimiento y un honor para nosotros, si creemos que ella nos quiere usar desde acá, a partir de este día, para ganar una influencia más poderosa en la forjación de los destinos de la Iglesia en el espacio cultural de occidente? *(Op. cit. pág. 178, n 5)*

Se trata de la misión de la Virgen María frente a occidente. *"Tua res agitur"*, se trata de tu causa, le dice el P. Kentenich. Es ella la encargada de dar a luz

nuevamente a Cristo en nuestro tiempo. Ella es la portadora de Cristo; ella es la cooperadora del Redentor en toda la obra de salvación y hoy urge su cooperación. ¿Por qué? Porque está en juego la unión de lo divino y lo humano, la armonía entre lo natural y lo sobrenatural, y es María quien encarna esa armonía.

> Si ustedes me comprenden bien, podría agregar que no sólo yo, no sólo nosotros, sino también la santísima Virgen está desvalida ante la situación. Es cierto que ella es la Omnipotencia Suplicante ante el trono de Dios, pero también es cierto que en los planes del amor divino, ella está supeditada a instrumentos humanos dóciles y de buena voluntad. Si es que por el Primer Documento de Fundación ha aceptado la tarea de mostrarse en Alemania, desde nuestro santuario, en forma preclara como la vencedora de los errores colectivistas, entonces ella, me expreso a la manera humana, busca ansiosa con su mirada instrumentos que la ayuden a realizar esta tarea. *(Op. cit., pág.182, n. 25)*

c. Es un honor para nosotros poder ayudarla

> La santísima Virgen tiene una gran tarea frente a occidente. Una vez que me hizo comprender esto, me pidió que yo también le entregase todo. Esto es lo hermoso, lo grande que nuevamente nos une: presentamos a la santísima Virgen nuestro desvalimiento y ella nos regala también su desvalimiento, pero también su buena voluntad. ¿Qué pide en cambio de nosotros? El reconocimiento de nuestro desvalimiento. *(Op. cit., pág. 183, n 26)*

"Una vez que me hizo comprender esto, me pidió que yo también le entregase todo". Y así fue, el Padre no trepidó en ponerse una vez más a entera disposición de María. Percibe con claridad la trascendencia y envergadura de la misión que se le confía. Se trata de una "pesada misión", una misión de profeta que trae consigo suerte de profeta. Pero él esta enteramente dispuesto:

> ¿Qué nos queda sino ponernos sin reservas a su disposición, en el sentido de nuestra consagración, aceptar sus deseos, nuevamente entregarnos a ella y dejar a ella la responsabilidad de su gran obra, en la cual nosotros, dependiendo de ella y por interés en su misión, queremos cooperar, sufrir, sacrificarnos y rezar? La santísima Virgen está desvalida, ella sola nada puede. Es un honor para nosotros poder ayudarla. *(Op. cit., pág.182-183, n. 25)*

d. Suerte de profeta

Si se trata de la misión de María, el P. Kentenich está dispuesto a arriesgarlo todo. Lo difícil para él en ese momento era poner en juego la misma existencia de su Familia. Su paso, así lo prevé, acarrearía graves consecuencias no sólo para su persona, sino para la obra. Sin embargo, asume con decisión las consecuencias. Se sabe portador de un mensaje profético que probablemente no sería comprendido. Más aún, que despertaría "fuertes contragolpes en respuesta". Por eso entrega a María, su desvalimiento, su buena voluntad y su fidelidad:

> Humanamente considerado, tenemos que contar por último con que nuestro intento fracase completamente. Y, sin embargo, no podemos sentirnos dispensados de correr este riesgo. Quien tiene una misión ha de cumplirla, aunque un salto mortal siga a otro. La misión de profeta trae siempre consigo suerte de profeta. *(Op. cit., pág. 181, n. 19)*

e. Tua res agitur, clarifica te!

El P. Kentenich cuenta con María; con su poder y con su fidelidad. El pensamiento de la alianza le asegura "una paz inalterable en todas las circunstancias". Ella le ha entregado su desvalimiento (la necesidad que tiene de instrumentos), su buena voluntad (su ayuda como la "Omnipotencia suplicante"), y su fidelidad. La santísima Virgen va a cuidar perfectamente.

> Ella viene hasta nosotros como la gran educadora. Nos ofrece su capacidad, su poder y fuerza de educadora (...) La santísima Virgen es fiel. No tienen por qué angustiarse. Es cierto que en general hay poca fidelidad. Pero ella es la "Virgo fidelis", la Virgen fiel. Ella nos ama aun-

> que no andemos con un traje limpio, incluso si alguna vez le hemos vuelto las espaldas, ella nos es fiel." *(Op. cit., pág. 183, n.28-29)*

La confianza del Padre en el poder de María es ilimitada:

> Dos pensamientos deben conducirnos a la lucha, dos lemas que como estrellas deben brillar en nuestra vida. Uno es: Tua res agitur! Clarifica te! ¡Se trata de tu misión, de tu tarea, ahora, por tanto, glorifícate tú y tu Obra! El segundo lema es: Mater perfectam habebit curam. La santísima Virgen se glorificará de la manera más perfecta si nosotros nos esforzamos dondequiera que sea por tirar de su carro de triunfo. Entonces ella cuidará de nosotros y de su Obra de Schoenstatt y la guiará victoriosa a través de las luchas, tal como lo ha venido haciendo a través de los años pasados de persecución…
> *(Op. cit., pág. 184, n 33)*

Preguntas para la reflexión personal

- ¿Qué impresión deja en mí este paso que dio el P. Kentenich?
- ¿Qué importancia le veo yo a una misión mariana para nuestro tiempo?
- ¿Qué podría dar la persona de María en particular hoy a nuestra sociedad?
- ¿Cuáles son los principales problemas de nuestra época en relación a la persona humana, a la sociedad, al modo de vivir y trabajar actual? ¿Puede decir algo María a todo ello?
- ¿Qué rasgos de María debiera encarnar la Iglesia en forma más nítida?

2.9. En la fuerza divina

La carta enviada el 31 de mayo de 1949 desató lo que el P. Kentenich había previsto. El proceso culminó con una segunda visitación. El caso del P. Kentenich es llevado a Roma, y el 23 de julio de 1951 se da inicio a una visitación apostólica por parte del Santo Oficio. Como visitador es nombrado el P. Sebastián Tromp, quien, en agosto del mismo año, destituye al P. Kentenich como Director del Instituto de las Hermanas de María. Luego dispone que debe abandonar Schoenstatt. Y, por último, envía al P. Kentenich al destierro en Milwaukee, donde permaneció hasta septiembre de 1965.

Las acusaciones, las calumnias, la deserción de muchos de sus colaboradores, la incomprensión de sus puntos de vista e intenciones, la separación de los suyos; éstas y muchas otras penurias las sufre el P. Kentenich con paz en el alma y sin rebeldía ante la autoridad de la Iglesia, que lo trata tan duramente. Sabe que la cruz pertenece a su misión de fundador y, sobre todo, que María es fiel a la alianza que selló con él, que su destino está en sus manos y que ella vencerá en todas las dificultades.

Su camino es un largo via crucis, lleno de renuncia, dolor y sacrificio. Su suerte no fue distinta a la de muchos santos y fundadores a lo largo de toda la historia de la Iglesia.

Camino al destierro en Milwaukee, pronuncia estas palabras en Florencio Varela, Argentina:

> Dios nos manda dificultades para desprendernos de nosotros mismos, para que crezca nuestra fe, para que nuestro corazón se desprenda más y más, 'Señor, si quieres quitarme este hijo…' Puede ser más difícil renunciar a hijos espirituales que incluso a uno mismo.(…) Quien es auténtico hijo de Schoenstatt, quien cree que Schoenstatt es una obra de Dios, no se perturba por nada. Al contrario, cuanto más silben las balas a su alrededor, tanto más tranquilo se queda.(…)

Su actitud de confianza y su paz se explican porque descansa en el poder y amor de María.

> Vencemos porque morimos. Nosotros venceremos porque nos consagramos a la santísima Virgen. Ella, de acuerdo a los planes de Dios, ha previsto para nosotros muchos sufrimientos. Estamos dispuestos a entregarle todo: el honor, la vida, la patria, todo lo que pudimos construir... ¡Vencemos porque morimos! *(1952)*

Al P. Josef Fischer, uno de sus fieles compañeros en el campo de concentración de Dachau, le responde en una carta desde su exilio en Milwaukee:

> Usted cree que sufrí muchas y enormes desilusiones en mi vida. Es un gran error. Cuando uno se dispone a no esperar nada y a regalar todo, la vida se llena de sorpresas. Si observa cuánto amor me rodea –a pesar de los terribles golpes de parte de la autoridad (eclesial)– y cuánta fidelidad se me brindó en todas las situaciones, entonces deberá admitir que quizás no haya ningún hombre en el mundo –al menos no muchos– que hayan sido y sean tan mimados como yo. Cruz y dolor pertenecen a toda vida. Y tratándose de una obra de una envergadura como la nuestra, me parece que el precio de rescate pagado es sumamente bajo, por lo menos en lo que a mí concierne. *(1954)*

Este es el talante del alma del P. Kentenich. Un hombre poseído por una extraordinaria conciencia de misión sobrenatural, profundamente arraigado en Dios, con una inmensa paz e inconmovible en su confianza. Todo ello porque está profundamente arraigado en María, porque lucha por su causa, porque confía que ella cuidaría perfectamente y obtendría la victoria, porque ella es fiel. Lo que había emprendido en 1949 al enviar su *Epistola perlonga*, lo que había desatado la tormenta, todo había sido por María, por el compromiso con ella y su misión para la Iglesia y la configuración de los nuevos tiempos en Cristo Jesús. Por amor a María y a la Iglesia; para el P. Kentenich ambas realidades son inseparables.

> Permítame que aproveche la oportunidad para recordar que, en todos mis proyectos y acciones, siempre tuve como ideal el hacer grabar sobre mi lápida –después de mi muerte– las palabras que adornan la pla-

ca recordatoria del Cardenal Mermillod: *Dilexit ecclesiam!* (¡Amó a la Iglesia!)

> El amor a la *Mater Christi* y a la *Mater Ecclesiae* o el *sentire cum Maria* y el *sentire cum Ecclesia* siempre fueron para mí idénticos. *(1962)*

El largo exilio de Milwaukee concluye cuando el Santo Padre, Pablo VI, ratifica la decisión del Santo Oficio del 20 de octubre de 1965, que libera al P. Kentenich de todas las prohibiciones, devolviéndole, contra toda esperanza humana, la libertad. Tal como lo había previsto, todo sucedió de tal forma que no cupo la menor duda que no fueron los medios humanos los que obtuvieron ese desenlace sino la santísima Virgen.

El P. Kentenich regresa a Schoenstatt el 24 de diciembre de 1966. Había celebrado sus 80 años de vida en Roma. Animado por una enorme fuerza interior y una inmensa paternidad, se dio nuevamente de lleno a su Familia, ejerciendo en plenitud su función de padre y fundador, sanando las heridas de los 14 años de prueba recién pasados, llevando a término todo aquello que había quedado inconcluso en sus fundaciones, enfrentando los desafíos que presentaba el posconcilio y proyectando su obra hacia los siglos futuros. El 15 de Septiembre de 1968 el Señor y María lo llevan a la Casa del Padre.

Preguntas para la reflexión personal

- ¿Conozco a otros santos marcadamente marianos? ¿Cuáles?
- ¿Qué me llama la atención especialmente respecto a la relación del P. Kentenich con la Virgen María?

El P. Kentenich nos trazó un camino. Lo que él enseña de María no es ni una teoría ni un simple tratado de espiritualidad mariana adaptada a las necesidades de la época. Es mucho más que eso. Quien quiera adentrarse en la senda de la alianza de amor en Schoenstatt se hace heredero y partícipe de una alianza de amor histórica. En otras palabras, se sumerge en una corriente de gracias y de vida que fluye desde el pequeño santuario de Schoenstatt, que lo lleva al corazón de Cristo y hace participar hondamente en la misión de la Iglesia para nuestro tiempo.

Textos del padre Kentenich

El misterio mariano de Schoenstatt

Ahora debo responderles estas preguntas: Qué significa el misterio mariano y, segundo, qué significa el misterio mariano de Schoenstatt.

a) Si doy una respuesta a la primera pregunta, entonces debo traer a la memoria aquello que resuena en nuestra alma cuando pronunciamos la palabra "misterio mariano".

Pablo está poseído por el misterio de Cristo. Y ahora la otra expresión: "misterio de María". Esta expresión viene de Grignon de Monfort. El escribió un pequeño libro sobre el misterio mariano. Allí da la base metafísica para la perfecta entrega a la santísima Virgen. Es interesante comparar a san Pablo con Grignon de Monfort y también si nosotros entramos en esta comparación. El mismo celo que anima al apóstol Pablo y que lo lleva a proclamar el misterio de Cristo, ese mismo ardiente celo anima a todos los schoenstattianos a anunciar el misterio de María; porque para ellos el misterio de María es la más segura garantía del misterio de Cristo. Son dos llamas que, en último termino, quieren ser sólo una. Ardemos por el misterio de María para que nos mueva el misterio de Cristo a encender en él a todo el mundo, así como movió a san Pablo.

¿Qué entendemos por misterio de Cristo, de acuerdo al apóstol Pablo? Se trata del lugar oculto y desconocido que corresponde a Cristo de acuerdo al plan de salvación. Dios ha trazado un plan de salvación. Y en este plan, la segunda Persona de la divinidad, el Salvador, posee un lugar singular. Ese lugar era desconocido. San Pablo fue el llamado a ser aquel ardiente fuego que recorrió el mundo para convencer a todos los hombres del lugar que ocupa Cristo en el plan de salvación.

Sólo aquel que se incorpora a Cristo puede salvarse. Todos, como miembros de Cristo, pueden llegar a ser hijos del Padre. Sólo los hijos del Padre pueden gozar y estar con Dios por toda la eternidad.

Por eso podemos decir en nuestro lenguaje: el misterio de Cristo que anuncia san Pablo consiste en movernos a que sellemos una alianza de amor con Cristo, tal como él quiere sellar una alianza de amor con nosotros, para llegar, de este modo, al Padre. En esto consiste el misterio de Cristo anunciado por san Pablo. El pide una alianza de amor con Cristo para alcanzar al Padre. Por eso podríamos y deberíamos resumir toda la enseñanza paulina en la siguiente expresión: "En Cristo". El "en Cristo, en él, hacia el Padre", es el sentido profundo del misterio de Cristo.

Tal como el misterio de Cristo consiste en el estar "en" Cristo, el misterio de María consiste en vivir "en" María.

Si contemplan la vida concreta, podrán constatar que la coronación de la alianza de amor consiste en este "en". ¿Cuándo puedo decir yo que el vínculo de amor es algo verdaderamente profundo? Cuando nosotros vivimos el uno en el otro, cuando, por ejemplo, una persona que es amiga mía, ha captado mi corazón de tal modo que yo constantemente vivo en ella. Esto es lo que llamamos "unidad de amor". Así, la cumbre de la alianza de amor es la unión de amor.

Esta unión de amor, este estar el uno en el otro, por el amor –no sólo el estar el uno con el otro– es lo que nosotros aspiramos a que suceda con María. Se trata de estar espiritualmente el uno en el otro, de un modo enteramente profundo y sin límites; se trata de un sumergirse en nuestra amada Madre y, con ello, de un sumergirse enteramente en Cristo, en la santísima Trinidad.

Con esto hemos dado una descripción de la perfecta entrega a la santísima Virgen.

El lugar objetivo de la santísima Virgen en el plan de salvación es lo que llamamos el misterio mariano. ¿En que consiste, por lo tanto, ese lugar? Esta es la pregunta a la cual quisiera responder. Ahora tendrían la oportunidad de preguntarse, nuestros schoenstattianos mas antiguos, acaso han realizado el sentido de la consagración. ¿Vivo realmente en la santísima Virgen, como si fuésemos los mejores amigos?

La pregunta que nos hemos hecho cala aún más hondo.

b) Hablamos del misterio mariano de Schoenstatt. Nos referimos a un vivir en la santísima Virgen tal como ella manifiesta el misterio mariano en ese lugar. Por eso, no sólo un amor profundo y apasionado a María, sino también a su lugar predilecto, al Santuario.

¿Se ha realizado el sentido de la consagración? ¿Estoy yo en la santísima Virgen tal como ella actúa en este lugar? El misterio de María tiene, por lo tanto, un doble significado. Es un estar en el corazón de María y un estar en el corazón de María tal como este corazón palpita en este lugar (de gracias, en el Santuario).

Entendemos por el misterio de María el lugar misterioso, y desconocido para la mayoría de los hombres, que la santísima Virgen ocupa en el plan de salvación.

Por el misterio mariano en Schoenstatt, entendemos el lugar misterioso y desconocido para la mayoría de los hombres, que ocupa la santísima Virgen en la Obra de Schoenstatt.

(P. Kentenich,1952)

Partícipes de la gracia del fundador

Desde muchas naciones os habéis reunido para agradecer el don que Dios os hizo en la persona del P. Kentenich. Por medio del recuerdo vivo de su persona y mensaje habéis querido renovar vuestro espíritu para así prolongar y transmitir su legado, para convertiros más profundamente en una Familia espiritual que vive con la fuerza de su carisma fundacional y realiza así su misión de servicio a la Iglesia y al mundo.

En la oración de preparación a este centenario habéis implorado "la gracia de la fidelidad creadora al encargo profético" de vuestro padre y fundador. La experiencia secular de la Iglesia nos enseña que la íntima adhesión espiritual a la persona del fundador y la fidelidad a su misión –una fidelidad que está siempre de nuevo atenta a los signos de los tiempos– son fuente de vida abundante para la propia fundación y para todo el Pueblo de Dios. Por eso os recuerdo las palabras de mi predecesor Pablo VI a las comunidades de vida consagrada: mantened la fidelidad "al espíritu de vuestros fundadores, a sus intenciones evangélicas, al ejemplo de su santidad... Es precisamente aquí donde encuentra su medio de subsistencia el dinamismo propio de cada familia religiosa" (Pablo VI, Evangelica Testificatio). Vosotros habéis sido llamados a ser partícipes de la gracia que recibió vuestro fundador y a ponerla a disposición de toda la Iglesia. Porque el carisma de los fundadores se revela como una experiencia del Espíritu, que es transmitida a los propios

discípulos para que ellos la vivan, custodien, profundicen y desarrollen constantemente en comunión y para el bien de toda la Iglesia, la cual vive y crece en virtud de la siempre renovada fidelidad a su Divino Fundador.

(Juan Pablo II,
Discurso a los representantes del Movimiento de Schoenstatt,
20 de septiembre 1985)

El grano de mostaza

Es un aniversario de su gracia, del Dios que llama, que santifica, que es fiel, del Dios que también prueba. Y vuestro fundador fue probado como pocas veces es probado alguien, y aunque Dios lo purificó como el fuego también le dio la fuerza para perseverar, con confianza y sin amargura, con amor y esperanza. Las medidas divinas han sido siempre mayores que las de sus creaturas. Pero Dios también dio apoyo, fue el único que dio ayuda. Fue misericordioso. Dio fuerza en la prueba. Y como prueba y purificación regaló una fecundidad maravillosa. Fue él, el Dios del amor, como lo anunció cada vez más intensamente el P. Kentenich. Sólo él, el Dios y Señor de la gracia. Pero, por otra parte, no sólo él; Dios lo hizo a través de la Madre, la "Mater admirabilis", a quien el P. Kentenich ya desde niño descubrió cada vez más claramente como su madre, su educadora, su conductora hacia Cristo y proclamó y entregó a ustedes como Compañera y Colaboradora permanente del Señor en toda su obra redentora. ¿No recordamos hoy la parábola sobre el Reino de los cielos que se asemeja a un grano de mostaza? La más insignificante, la más pequeña de las semillas, pero que germina si es sembrada en el campo y llega a ser el más grande de los arbustos, donde los pájaros del cielo pueden habitar como en un árbol. ¿No nos acordamos del pequeño comienzo del 18 de octubre de 1914? El pequeño grano de mostaza fue el sí, el sí con que incondicionalmente se consagraron a la santísima Virgen el fundador y unos pocos estudiantes. ¿No fue aquello como un grano de mostaza? ¿Y ahora son los pájaros del cielo los que viven en ese árbol?

(Cardenal Agustín Mayer, Discurso 17 de noviembre 1985)

Capítulo 4

La originalidad de la alianza de amor en Schoenstatt

Madre, inscríbenos en tu corazón
y llévanos contigo hacia el cielo.
La Alianza, que sellamos en una hora de gracias,
la renovamos ahora con fidelidad.

(HP, 384)

Madre y educadora

María es el sello distintivo de la cultura de nuestro continente. Madre y educadora del naciente pueblo latinoamericano, en Santa María de Guadalupe, a través del Beato Juan Diego, se ofrece un gran ejemplo de evangelización perfectamente inculturada. Nos ha precedido en la peregrinación de la fe y en el camino a la gloria, y acompaña a nuestros pueblos que la invocan con amor hasta que nos encontremos definitivamente con su Hijo. *(Santo Domingo, I:15)*

La originalidad de la alianza de amor...

En los capítulos precedentes hemos analizado el concepto de la alianza de amor y la vivencia de la misma en la vida del Padre fundador. En el presente capítulo queremos dar un paso más. Hablar de alianza de amor con María o de consagración a María es un bien común de la Iglesia. La alianza de amor en Schoenstatt tiene, por ejemplo, una gran correspondencia con lo que entiende san Alfonso María Ligorio o diversas comunidades por la entrega a la Virgen.

Toda alianza de amor con María tiene como fundamento común el ser expresión y reactualización original de la Nueva Alianza. Es una forma original de renovación de la alianza bautismal. En una auténtica espiritualidad mariana, la alianza con María conduce a Cristo, y en Cristo, por el Espíritu Santo, a Dios Padre. Quien se une a María, por ella se une a la Iglesia. Teniendo esta realidad como telón de fondo, ¿cuál es entonces la peculiaridad de la alianza de amor con la santísima Virgen en Schoenstatt?

La alianza de amor en Schoenstatt es original:

1. por su origen,

2. porque está ligada a un lugar de gracias,

3. por su vínculo con el fundador,

4. por estar unida a una Familia y

5. porque se proyecta en una misión concreta.

Recorreremos cada uno de estos aspectos para ganar una visión más acabada del contenido propio de la alianza de amor con María en Schoenstatt.

1. La alianza de amor en Schoenstatt surge de la fe práctica en la Divina Providencia

1.1. La actitud providencialista del fundador

Schoenstatt no es en primer lugar una ideología o un sistema pedagógico particular. Antes que nada es un lugar de gracias, un santuario, que surgió a partir de una alianza de amor sellada por el fundador y un grupo de jóvenes el 18 de Octubre de 1914. Schoenstatt no es un Movimiento que tiene un santuario, sino un santuario que tiene un Movimiento.

A diferencia de otros santuarios, que provienen de un hecho extraordinario o milagroso, de una revelación particular, o de una leyenda cuyo origen a veces es difícil determinar en su realidad histórica, la alianza de amor, y con ella el santuario de Schoenstatt, surge de una clara iniciativa de parte de un hombre que, guiado por una profunda fe práctica en la Divina Providencia, creyó descubrir un designio particular de Dios.

Buscando la voluntad de Dios en las circunstancias, el P. Kentenich descubrió signos que le indicaban que estaba en el plan de Dios que él pidiera a la Virgen María que estableciera su trono de gracias en el terruño de Schoenstatt.

El fundador de Schoenstatt no tuvo ninguna revelación particular ni experimentó ningún hecho sobrenatural milagroso. El siempre se sintió llamado a vivir la fe tal como cualquier cristiano debe vivirla en su vida cotidiana. Su ideal era justamente encarnar y promover en la Iglesia una santidad del día de trabajo, especialmente apta para el laico que vive en medio del mundo.

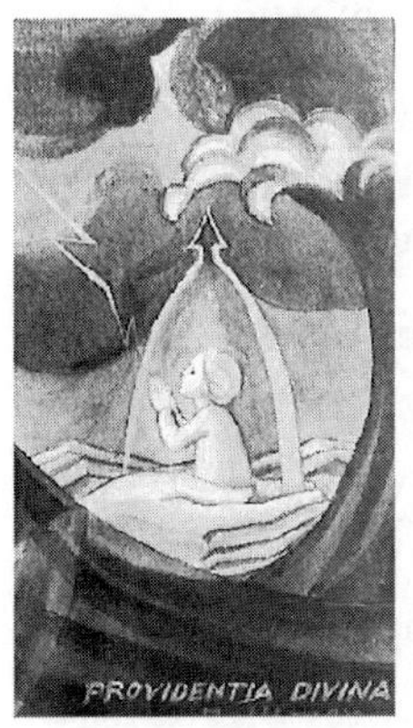

La fe práctica en la Divina Providencia constituía una actitud fundamental en él; era la fuerza propulsora de Schoenstatt, como él mismo la designa. Esta fe consiste en ir "rastreando" o discerniendo la voluntad del Dios que se manifiesta no sólo en su Palabra o en el interior del alma, sino también en los acontecimientos y signos del tiempo.

Su actitud de fe se basaba en la profunda convicción de que Dios guía la historia, que él interviene en el acontecer del mundo manifestándonos su voluntad a través de las circunstancias, y que él espera de nosotros una cooperación activa en la realización de su plan de amor. Por eso estaba constantemente atento a los signos y voces del tiempo.

En el caso del Santuario de Schoenstatt, estos signos de Dios se fueron dando uno tras otro. Los jóvenes estudiantes habían partido a vacaciones de verano. Durante las vacaciones, que en el hemisferio norte se extienden desde mediados de julio a mediados de septiembre, se desató la primera guerra mundial (agosto de 1914). Un hecho histórico trascendente, que sin duda acarrearía enormes consecuencias.

A esto se agrega otro hecho: una antigua capillita fue puesta a disposición de la Congregación Mariana en julio del mismo año. Se trataba de una capilla dedicada a san Miguel, la cual formaba parte del antiguo monasterio que había existido en Schoenstatt durante la edad media, y que se encontraba abandonada y sólo servía para guardar las herramientas del jardinero. La capillita fue restaurada precisamente durante las vacaciones de los alumnos.

Coincidente con estas circunstancias, cayó en manos del P. Kentenich el periódico *"Die Allgemeine Rundschau"*, del 18 de julio de 1914, donde venía un relato de Cyprian Froehtlich sobre el abogado Bartolo Longo (en 1984 beatificado por Juan Pablo II) y el surgimiento del santuario de Nuestra Señora de Pompeya. El abogado italiano, impresionado por la corrupción moral de esa ciudad, invitó a otras personas a erigir un santuario a la Virgen del Rosa-

rio, comprometiéndose a rezar esta oración predilecta de María y a crear obras de beneficencia para los más desposeídos. Se relataba, además, cómo de allí surgió un movimiento de renovación no sólo para la ciudad de Pompeya, sino para el mundo entero.

El P. Kentenich reza y medita –como nunca en su vida, confiesa– considerando que tal vez Dios le indica que "invitase" a María a establecerse en la capillita de Schoenstatt, para que ella erigiese allí su trono de gracias e iniciase un movimiento de renovación.

Trata de interpretar a la luz de la Divina Providencia qué quería Dios de él y de la floreciente congregación en el contexto de estos hechos. Se encuentra ante un gran desafío, puesto que muchos de esos jóvenes tendrían que enrolarse pronto en el ejército. Esto suponía riesgos tanto humanos como espirituales. Ya no podría él mismo ayudarlos personalmente en forma directa como lo había hecho hasta ese momento. ¿Qué hacer, entonces, para que todo lo que había surgido en esos dos años no sólo no desapareciera, sino que los acontecimientos que se avecinaban les sirvieran eficazmente para continuar su trabajo de autoformación y de crecimiento espiritual? Él los había conducido al corazón de María y allí los sabía resguardados. La realidad de la guerra le lleva a pensar con mayor fuerza en la necesidad de que la santísima Virgen tomase a su cargo plenamente la tarea de educadora de los jóvenes, que pronto deberían partir solos al campo de batalla.

Por otra parte, contempla lo que había surgido entre los alumnos, desde 1912 a 1914: Dice a los jóvenes:

> Quien conoce el pasado de nuestra Congregación no tendrá dificultades en creer que la Divina Providencia tiene designios especiales para con ella. *(Documentos de Schoenstatt, pág. 62, n. 7)*

Por último, pensar que esto era posible, concordaba con una ley general en el reino de Dios:

¡Cuántas veces en la historia del mundo ha sido lo pequeño e insignificante el origen de lo grande, de lo más grande! *(Ibidem)*

El P. Kentenich medita largamente cuál es la voluntad de Dios. Le parece que Dios le hablaba claro por las circunstancias. Cree que debe arriesgarse a pedir a la santísima Virgen que se estableciese espiritualmente en la pequeña capilla de la congregación e instalase en ese lugar su trono de gracias, y desde allí atrajera los corazones jóvenes, los transformara y utilizara como instrumentos en sus manos para iniciar, desde ese lugar, un movimiento de renovación.

1.2. El 18 de Octubre de 1914: Primera Acta de Fundación

Para el P. Kentenich la actitud de fe práctica en la Divina Providencia implicaba, por una parte, una actitud receptiva de búsqueda de la voluntad de Dios. Pero, por otra parte, una actitud marcadamente "activa", es decir, de compromiso con el Dios que intervenía en el acontecer del mundo. Por eso invita a los jóvenes no solamente a pedir a María que ella descienda espiritualmente a la pequeña capilla de Schoenstatt, sino también los mueva a "atraerla" con muestras de amor:

No simplemente lo grande ni lo más grande, sino precisamente lo más excelso ha de ser el objeto de nuestros intensificados esfuerzos. *(Op. cit. pág. 61, n. 5)*

Les explica su "secreta idea predilecta" con estas palabras:

San Pedro, después de haber contemplado la gloria de Dios en el Tabor, exclamó arrebatado: "¡Qué bien estamos aquí! ¡Hagamos aquí tres tiendas!". Una y otra vez vienen a mi mente estas palabras y me he preguntado ya muy a menudo: ¿Acaso no sería posible que la capillita de nuestra Congregación al mismo tiempo llegue a ser nuestro Tabor, donde se manifieste la gloria de María? Sin duda alguna no podríamos realizar una acción apostólica más grande, ni dejar a nuestros

> sucesores una herencia más preciosa que inducir a nuestra Señora y Soberana a que erija aquí su trono de manera especial, que reparta sus tesoros y obre milagros de gracia. Sospecharán lo que pretendo: quisiera convertir este lugar en un lugar de peregrinación, en un lugar de gracias, para nuestra casa y toda la Provincia alemana y quizás más allá. Todos los que acudan acá para orar deben experimentar la gloria de María y confesar: ¡Qué bien estamos aquí! ¡Establezcamos aquí nuestra tienda! ¡Este es nuestro rincón predilecto! Un pensamiento audaz, casi demasiado audaz para el público, pero no demasiado audaz para ustedes. *(Op. cit., pág. 62, n. 7)*

Aflora así esta actitud providencialista activa tan propia del P. Kentenich. Se trata de la cooperación humana con la gracia. Por eso, la invitación a María va respaldada por un serio esfuerzo por la santidad. El título que coloca en los apuntes que tenemos de su prédica lo manifiesta:

> Aceleración del desarrollo de nuestra propia santificación y, de esta manera, transformación de nuestra capillita en un lugar de peregrinación. *(Op. cit., pág. 59)*

Como señalamos, el P. Kentenich no se basa en un milagro. No se limita a pedir. Él sabe que Dios espera y aprecia nuestra cooperación. Por eso, el llamado a esforzarse seriamente por la santidad y ejercer "suave violencia" a María:

> Al decir esto, mis queridos congregantes, siento que mis palabras encuentran eco. ¡Ya están ardiendo sus corazones! Ustedes han hecho suyo mi proyecto: lo pongo tranquilamente en sus manos, lo mismo que su ejecución y no tengo reparo en escribirlo en nuestra crónica. ¡Que las generaciones venideras nos juzguen! ¿Alcanzaremos el fin que nos hemos propuesto? En cuanto depende de nosotros, mis queridos congregantes, y esto no lo digo vacilando o dudando sino con plena convicción, todos nosotros haremos todo lo posible. Tal como para nuestro segundo patrono, san Luis Gonzaga, una capilla de la santísima Virgen en Florencia fue el origen de su santidad, así también esta capilla de nuestra Congregación será para nosotros cuna de santidad. Y esta santidad hará suave violencia a nuestra Madre celestial y la hará descender hasta nosotros. *(Op. cit., pág. 63, n. 8)*

Preguntas para la reflexión personal

- ¿Qué lugar ocupa en mi vida la fe práctica en la Divina Providencia?
- ¿Qué intervenciones especiales de Dios recuerdo en el Antiguo Testamento y en el Nuevo Testamento?
- ¿Creo en la intervención de Dios en los acontecimientos que vive el mundo ahora?
- ¿Podría nombrar algún acontecimiento de mi vida personal o familiar en el cual distingo especialmente la intervención de Dios?
- ¿Me he preguntado qué me está pidiendo Dios ahora por las circunstancias?

Concluye su plática reafirmando este llamado, poniendo en labios de la santísima Virgen las siguientes palabras:

> Amo a los que me aman. Pruébenme primero por hechos que realmente me aman y que toman en serio su propósito. Ahora tienen para ello la mejor oportunidad.
>
> Y no crean que es algo extraordinario, si ustedes suben al máximo, más allá que las generaciones pasadas, las exigencias que se ponen a sí mismos dado el tiempo tan serio y tan grande como el que vivimos actualmente.
>
> Según el plan de la Divina Providencia, la guerra mundial, con sus poderosos impulsos, debe ser un medio extraordinariamente provechoso para ustedes en la obra de su propia santificación.
>
> Es esta santificación la que exijo de ustedes. Ella es la coraza que tienen que ponerse, la espada con que deben luchar para la consecución de sus deseos.
>
> Tráiganme con frecuencia contribuciones al capital de gracias. Adquieran por medio del fiel y fidelísimo cumplimiento del deber y por una intensa vida de oración, muchos méritos y pónganlos a mi disposición. *(Op. cit., pág. 64, n.11)*

El 18 de octubre de 1914 marca el nacimiento de Schoenstatt, quedando establecido para siempre que lo constitutivo, *el corazón de Schoenstatt,* es esta alianza de amor sellada con María en el santuario. Del acontecimiento del 18 de octubre nace la Familia de Schoenstatt: una comunidad que se une en el Fundador, en María y en el santuario, los tres "contactos vitales" de Schoenstatt. Una Familia que guarda su cohesión y unidad gracias a estos tres vínculos que constituyen la base de una profunda solidaridad de destinos y la fuente de energía o el secreto de su fecundidad apostólica.

2. La alianza de amor está ligada a un lugar: el santuario de Schoenstatt

2.1. ¿Por qué un santuario?

Qué importancia reviste el hecho que la alianza de amor con María esté vinculada a un terruño, a nuestro santuario?

Cuando Dios se comunica con nosotros, lo hace adaptándose a nuestra naturaleza, que es corporal y espiritual a la vez. No somos sólo espíritu, como los ángeles, sino un espíritu encarnado. Nuestra existencia es corporal y, por lo mismo, está vinculada a un lugar. La persona humana no vive "en el aire", sino que tiene un "donde", un terruño, un hogar. Si éste le falta, carece de algo inherente a su misma condición humana.

Dios, que nos creó, sabe cómo tratarnos. Por eso él se revela y se comunica con nosotros valiéndose de lo material y de lo sensible. Lo hace a través de la palabra, de signos, de cosas y lugares. En el Nuevo Testamento esta realidad llega a su expresión cumbre cuando "el Verbo se hizo carne y habitó entre nosotros" (Jn 1, 14). En Cristo, el Dios invisible se hace sensible y palpable. Son significativas las palabras de san Juan, el apóstol predilecto del Señor, cuando comunica su experiencia:

> Lo que existía desde el principio, lo que hemos oído, lo que hemos visto con nuestros ojos, lo que contemplamos y tocaron nuestras manos, acerca de la Palabra de vida, pues la vida se manifestó y nosotros la hemos visto y damos testimonio, lo que hemos visto y oído, os lo anunciamos *(1 Jn 1, 1 ss.)*.

Cuando Cristo, el Verbo encarnado, nos hace llegar sus gracias, fiel a su mismo ser, nos las comunica en forma particular a través de lo sensible, de los sacramentos. La gracia de la filiación divina, por ejemplo, la recibimos con el agua bautismal; el perdón de los pecados nos llega por la absolución que nos da un sacerdote; en el sacramento de la unción de los enfermos, se nos unge con el óleo santo, y sobre todo la extraordinaria gracia de la presencia eucarística del Señor se nos da a través del signo del pan y del vino consagrados.

Junto a los sacramentos encontramos también lo que la teología llama sacramentales. Son otros signos sensibles por los cuales Dios nos regala su gracia, condicionándola particularmente a nuestra disposición interior para recibirla. Por ejemplo, el agua bendita o una imagen sagrada. En este ámbito se sitúan los "lugares de gracias" o santuarios.

Toda la historia de salvación da testimonio de lugares en los cuales Dios o algún santo se manifiesta en forma especial. Son lugares privilegiados del encuentro de Dios con el hombre y del hombre con Dios; lugares donde el cielo toca la tierra. Pensemos, por ejemplo, lo que significó, en el Antiguo Testamento para Israel el monte Sinaí, el arca de la alianza y, sobre todo, la ciudad de Sión y el templo de Jerusalén.

Particularmente elocuente es la oración de Salomón cuando Yahvéh toma posesión del templo. Relata el libro primero de los Reyes:

> Salomón se puso ante el altar de Yahvéh en presencia de toda la asamblea de Israel; extendió sus manos al cielo y dijo: "Yahvéh, Dios de Israel, no hay Dios como tú en lo alto de los cielos ni abajo sobre la tierra, tú guardas la alianza y el amor a tus siervos que andan en tu presencia con todo su corazón, tú que has mantenido a mi padre David la promesa que le hiciste, pues por tu boca lo prometiste y por tu mano lo has cumplido este día... Ahora, Dios de Israel, que se cumpla la palabra que dijiste a tu siervo David, mi padre. ¿Es que verdaderamente habitará Dios con los hombres sobre la tierra? Si los cielos y los cielos de los cielos no pueden contenerte, ¡cuánto menos esta casa que yo te he construido! Atiende a la plegaria de tu siervo y a su

> petición, Yahvéh, Dios mío, y escucha el clamor y la plegaría que tu siervo hace hoy en tu presencia, que tus ojos estén abiertos día y noche sobre esta Casa, sobre este lugar del que dijiste: En él estará mi Nombre; escucha la oración que tu servidor te dirige en este lugar. Oye, pues, la plegaria de tu siervo y de tu pueblo Israel cuando oren en este lugar. Escucha tú desde el lugar de tu morada, desde el cielo, escucha y perdona." *(1 Reyes 8, 22-30).*

El Nuevo Testamento pone de relieve que el verdadero templo o santuario es ahora Cristo:

> No vi santuario alguno en ella –la nueva Jerusalén– porque el Señor, Dios todopoderoso y el Cordero es su santuario". *(Ap 21, 22)*

Cristo es ahora el verdadero santuario, y todo templo o lugar de gracias es reflejo y prolongación del santuario vivo de su cuerpo (cfr. Jn 2, 21).

La historia de la Iglesia conoce, desde su inicio hasta nuestros días, la realidad y eficacia de los lugares de peregrinación o santuarios. Estos ocupan un papel importante en la vida del pueblo de Dios. La Iglesia en los últimos tiempos los ha vuelto a valorar aún con mayor énfasis en relación con la piedad popular.

Los santuarios marianos son lugares de gracias particularmente privilegiados. Juan Pablo II se refiere a ellos en forma especial, cuando visitó por primera vez Latinoamérica, en su discurso en la basílica de Zapopán, en México. Destaca que la devoción a María y a sus misterios "pertenecen a la identidad propia" de nuestros pueblos y que América Latina es "indisolublemente mariana" y que su mediación de gracias "lejos de empañar la mediación insustituible y única de Cristo, esta función de María, acogida por la piedad popular la pone de relieve y sirve para demostrar su poder". Afirma luego la importancia y el papel que tienen en ésta los santuarios marianos:

> Cuando los fieles vienen a este santuario, como he querido venir yo también hoy, peregrino en esta tierra mejicana, ¿qué otra cosa hacen

> sino alabar y honrar a Dios Padre, Hijo y Espíritu Santo, en la figura de María, unida por vínculos indisolubles con las tres personas de la santísima Trinidad, como también enseña el Concilio Vaticano II? Nuestra visita al santuario de Zapopán, la mía hoy, la vuestra tantas veces, significa, por el hecho mismo, la voluntad y el esfuerzo de acercarse a Dios y de dejarse inundar por él, mediante la intercesión, el auxilio y el modelo de María. En estos lugares de gracia, tan característicos de la geografía religiosa mejicana y latinoamericana, el Pueblo de Dios, convocado en la Iglesia, con sus pastores, y en esta feliz ocasión, con quien humildemente preside en la Iglesia a la caridad, se reúne en torno al altar y bajo la mirada maternal de María, para dar testimonio de que lo que cuenta en este mundo y en la vida humana es la apertura al don de Dios, que se comunica en Jesús, nuestro Salvador, y nos viene por María. Esto es lo que da a nuestra existencia terrena su verdadera dimensión trascendente, como Dios la quiso desde el principio, como Jesucristo la ha restaurado con su muerte y resurrección y como resplandece en la Virgen santísima. *(Zapopán, 30 de enero de 1979)*

En este contexto se inscribe la realidad del santuario de Schoenstatt. Es un lugar mariano de gracias. Éste es el misterio o secreto de Schoenstatt. Son muchos los santuarios marianos en la Iglesia. Pensemos, por ejemplo, en Lourdes y Fátima. América Latina entera es una tierra donde abundan los santuarios de María. Ahora bien, ¿cuál es la peculiaridad del santuario de Schoenstatt?

Preguntas para la reflexión personal

- ¿Qué lugar de peregrinación conozco?
- ¿He peregrinado alguna vez a un santuario mariano? ¿A cuál?
- ¿Qué sé de Lourdes y de Fátima? ¿He leído algo al respecto?

2.2. Originalidad del santuario de Schoenstatt

El santuario de Schoenstatt se distingue básicamente por dos hechos:

- **por su origen,**
- **por las gracias que María nos otorga en él.**

2.2.1. En primer lugar, por su origen

En el punto anterior ya hemos hecho referencia al carácter providencialista del origen de Schoenstatt.

Recapitulemos lo dicho:

A diferencia de otros santuarios que provienen de una manifestación milagrosa de Dios o de María, de una revelación particular, o de una leyenda cuyo origen a veces es difícil determinar en su realidad histórica concreta, el santuario de Schoenstatt proviene de una clara iniciativa de parte del hombre, que creyendo descubrir en la fe un designio concreto de Dios, pide a María que se establezca en el terruño de Schoenstatt.

Esta iniciativa de parte del hombre –en nuestro caso, del fundador– no quiere decir que éste fue el origen de la fuente de gracias. Siempre es Dios y María quienes "nos aman primero", quienes toman la iniciativa y nos vienen a visitar trayéndonos salvación. Pero esa iniciativa de Dios la podemos conocer en forma milagrosa y extraordinaria, o bien por la fe práctica en la divina Providencia, es decir, por los signos que Dios nos da en la vida cotidiana.

Este último camino fue el que siguió el P. Kentenich y con él los primeros fundadores de Schoenstatt. Por eso decimos que el santuario de Schoenstatt se origina en la iniciativa divina, pero con una clara y decidida cooperación humana. Más aún, que, fiel a su origen, se mantiene como lugar de gracias y de alianza, en la medida que esa cooperación se concreta constantemente por las contribuciones al capital de gracias. Este hecho acentúa una verdad central de nuestra fe: Dios busca y requiere nuestra cooperación en su obra redentora.

Él puede salvarnos sin nuestra cooperación, sin embargo, ha querido dignificarnos llamándonos a cooperar con él. De allí el lema de Schoenstatt: "Nada sin ti, nada sin nosotros". María es el ejemplo preclaro de esta verdad: ella es la compañera y *colaboradora* del Señor en toda la obra de la redención.

El origen del santuario de Schoenstatt está marcado, entonces, por la fe práctica en la divina Providencia y la cooperación humana. Por eso, al santuario de Schoenstatt no sólo peregrinamos para pedir y recibir, sino también para ofrecer.

2.2.2. Originalidad de las gracias que María regala en su santuario

María es la medianera de todas las gracias. Ella es –a decir de los Padres de la Iglesia– el acueducto o canal por el cual nos llegan las gracias del Señor. Es la Omnipotencia suplicante ante el trono de Dios. Es nuestra Madre, la que da a luz a Cristo en nosotros y nos cuida con amor y sabiduría maternales.

En el santuario de Schoenstatt, ella ha querido ejercer en forma especial su labor de educadora como verdadera madre nuestra en el orden de la gracia. En el santuario ha instalado su taller donde atrae los corazones y los transforma en instrumentos aptos y dóciles en su mano. Esta acción maternal y educadora que ella ejerce especialmente en virtud de la alianza, se canaliza en tres direcciones:

- Primero, María nos regala en la alianza un ***profundo cobijamiento y arraigo*** en su corazón y en el corazón de Dios Padre;
- segundo, el amor que ella nos tiene y que nosotros le tenemos, ***nos transforma según Cristo, haciéndonos semejantes a ella;*** y,
- tercero, María nos hace partícipes de su ***misión y fecundidad en el Espíritu Santo.***

Por eso acostumbramos hablar en Schoenstatt de las tres gracias del santuario:

- **la gracia del arraigo o del cobijamiento,**
- **de la transformación interior y**
- **del envío y fecundidad apostólica.**

Estos son los "milagros de gracia" que realiza María en su santuario de Schoenstatt. Siempre hemos acentuado que María realiza en su santuario de Schoenstatt milagros "de gracia" y no primariamente milagros en el orden material, tales como sanaciones extraordinarias u otros milagros de ese tipo. Ella también, por el poder que Dios le ha conferido, puede hacerlos, y de hecho en otros santuarios los realiza. Sin embargo, en su santuario de Schoenstatt ella quiere manifestar preferentemente esta otra faceta esencial de su poder maternal: realizar milagros en el orden de nuestra vida espiritual, que no son tan llamativos exteriormente como los milagros materiales, pero que son aún mucho más profundos.

Veamos más en detalle en qué consisten estos milagros de gracia que María realiza en su santuario.

a. La gracia del arraigo o del cobijamiento espiritual

> Todos los que acudan acá para orar deben experimentar la gloria de María y confesar: ¡qué bien estamos aquí! ¡Establezcamos aquí nuestra tienda! ¡Este es nuestro rincón predilecto! *(Documentos de Schoenstatt, pág. 62, n. 7)*

Así reza la Primera Acta de Fundación. Por esta gracia, María quiere sanar una honda llaga del hombre de nuestro tiempo: la múltiple enfermedad del desarraigo o desvinculación en que vive. El hombre actual se caracteriza por ser un hombre sin hogar, sin familia, una pieza reemplazable de la máquina económica, política o de la propaganda. Desconoce el arraigo profundo en el tú humano y en el tú divino.

Este hombre, tan herido espiritualmente, es acogido en el corazón de María. En ese corazón es amado y puede echar raíces, entregar toda su miseria y

debilidad y sentir su dignidad como hijo de Dios especialmente amado. En el santuario, María nos concede la gracia de un encuentro profundo con ella y, a través suyo, con el corazón de Cristo y del Padre Dios.

María nos comunica la seguridad de la fe, de esa fe que ella misma vivió en forma tan radical y heroica. Puesto que ella posee en la economía de la salvación un papel materno, asume la tarea de conducirnos hacia el Padre. La Virgen María realiza de modo especialísimo esta tarea en su santuario. Son innumerables las personas que en él se han encontrado con el Dios rico en misericordia, que es Padre y que nos conduce sabiamente en su divina Providencia.

La *gracia del arraigo* en su corazón nos lleva al mismo tiempo a descubrir la hondura del corazón de Cristo. María santísima es la portadora de Cristo. Históricamente fue así: por ella llegó la Luz al mundo. Y esto lo quiere seguir haciendo en forma especial desde su santuario, en medio de un mundo cada vez más descristianizado. Este milagro de gracias lo imploramos y recibimos de ella en el santuario.

La Virgen María, Madre y Reina de Schoenstatt, nos arraiga en su corazón pleno de gracias, templo y sagrario del Espíritu Santo. Por eso nos comunica, como en la visita a su prima Isabel, la presencia y acción del Espíritu Santo. Ella lo imploró sobre los apóstoles, débiles y fracasados, en el Cenáculo. Así también continúa haciéndolo en forma especial en su santuario.

Y porque nos arraiga y cobija en el Dios uno y trino, ella hace de nosotros una auténtica familia. En torno al santuario nace y crece una familia. Como madre posee el carisma de la unidad. Es la Madre de la unidad. ¿No constituye hoy un extraordinario milagro ser familia y tener la experiencia de hogar en medio de un mundo donde triunfa el desarraigo y la carencia de hogar? El Documento de Puebla lo expresa así:

> (María) despierta el corazón filial que duerme en cada hombre. En esta forma nos lleva a desarrollar la vida del bautismo por el cual fuimos

Preguntas para la reflexión personal

- ¿Hasta qué punto me siento cobijado en el corazón de Dios Padre?
- ¿En el corazón de qué persona me siento especialmente cobijado y arraigado?
- ¿A quienes cobijo yo en mi corazón?

hechos hijos. Simultáneamente, ese carisma maternal hace crecer en nosotros la fraternidad. Así María hace que la Iglesia se sienta familia. *(DP II, n.295)*

Ella despierta el niño que duerme en nosotros. En el santuario no nos da en primer lugar un cobijamiento sensible. Sí nos regala la gracia de sabernos y experimentarnos profundamente arraigados y anclados en Dios. Lo meramente sensible de suyo es pasajero. En cambio, la gracia del cobijamiento cala en lo más hondo de nuestro ser. Esto no excluye, sin embargo, que a veces ella también nos regale el sentirnos afectivamente cobijados, aunque lo más importante es el cobijamiento en la profundidad de la fe y la confianza en Dios.

La importancia de este don de María es inmensamente grande. La gracia del arraigo espiritual nos permite vencer la angustia típica de nuestro tiempo, ese nerviosismo e inseguridad existencial en que casi constantemente nos movemos, atemorizados por el presente y por lo que nos puede traer el futuro. Con María nos sentimos seguros como sobre roca; bajo su manto nada podemos temer. Esa es la convicción que recibimos en el santuario. Por eso su imagen en el santuario lleva la inscripción: *Servus Mariae numquam peribit,* el siervo de María nunca perecerá.

En otras palabras, en su santuario María nos regala la gracia de sabernos niños ante Dios. El don por el cual Cristo entregó su sangre. María nos abre el camino a esa infancia, sin la cual no tenemos acceso al Reino de los cielos. Ella la regala a quienes se la piden con fe, en forma extraordinaria. Realiza el "milagro" que hace de nosotros, hijos desarraigados y huérfanos espiritualmente, hombres y mujeres de fe profundamente anclados en el corazón de Dios Padre.

b. La gracia de la transformación interior

El santuario de Schoenstatt es un verdadero "taller" de María, donde ella se

muestra como la gran educadora y se manifiesta en su capacidad de cambiar el corazón y la vida de quienes se entregan a ella y están dispuestos a dejarse forjar en su fragua. El Santuario es para nosotros "cuna de santidad" (cf. *Documentos de Schoenstatt*, pág. 63, n. 8)

¿No es verdad que hoy más que nunca se hacen necesarios milagros de transformación y conversión? ¡Cuántos cristianos llevan el nombre de tales, pero, interiormente, en su vida y su conducta, no dan testimonio de ser tales! ¡Cuánto mal causa esto a la Iglesia! Esa poca coherencia de vida genera la falta de credibilidad en la Buena Nueva y en la Iglesia.

Tal vez el título que más convenga a ella tal como se ha mostrado en su santuario de Schoenstatt es el de Madre, Reina y Educadora. Si el Señor la proclamó como madre nuestra, entonces también le dio el poder para educarnos en la fe. Pues, ¿cómo podría ella ejercer su función materna si no pudiese educarnos?

María quiere ejercer esta función materna en forma especialísima desde su santuario. Allí implora para nosotros el don de la conversión interior: la capacidad de despojarnos del hombre viejo y de revestirnos del hombre nuevo en Cristo Jesús. Al santuario peregrinamos para pedir ese milagro de gracia, para ser sanados por ella de nuestra mediocridad e inconsecuencia. Pedimos su ayuda para liberarnos de las cadenas del pecado y esas múltiples ataduras que impiden nuestra entrega al Señor.

En otras palabras: pedimos a María la fuerza para emprender una seria autoformación. Para no desfallecer en nuestra voluntad de cambiar y crecer. Porque, con cuánta facilidad tendemos a desmoralizarnos. Experimentamos nuestra debilidad y continuos fracasos y con ello dejamos de creer en nosotros mismos: por nuestras propias fuerzas no somos capaces de salir adelante. Sentimos además fuertemente la influencia que ejerce en nosotros el ambiente materialista y el peso de las pasiones desordenadas y a veces exacerbadas por los estímulos que nos acosan y apartan del recto camino.

Por ello recurrimos al santuario a implorar el milagro de una auténtica transformación interior. María la obtiene para nosotros. No nos transforma "milagrosamente", es decir, sin nuestra cooperación. Lo hace fortaleciendo nuestra voluntad y constancia. Ella, como toda madre, quiere vernos crecer y alcanzar la estatura plena en Cristo Jesús.

La fuerza transformadora del amor de María quiere hacer de nosotros, hombres nuevos, libres, capaces de amar y de construir historia.

Libres, como ella, con la libertad de los hijos de Dios, que vencen las esclavitudes a las cuales nos somete nuestra cultura deshumanizada y materialista. *Capaces de dar y recibir amor,* como ella, tanto en el plano humano como en el sobrenatural. María vence en nosotros el espíritu individualista y egoísta, cerrado en el yo y el propio provecho, que sólo sabe producir y consumir, pero que no tiene dónde poner su corazón ni sabe darse con sencillez. La gracia de la transformación interior nos regala, por último, ser *capaces de tomar iniciativas y de comprometernos activamente* en la construcción del Reino, tal como ella lo hizo.

Preguntas para la reflexión personal

- **¿En qué cosas constato coherencia de vida con lo que confieso en la fe?**
- **¿En qué cosas no?**
- **¿De qué doy testimonio en particular?**
- **¿Qué costumbres pienso que debería cambiar?**
- **¿En qué he hecho un proceso de conversión? ¿He practicado la autoformación?**
- **¿Cuáles han sido mis conquistas? ¿Cuáles mis fracasos?**

c. La gracia de la fecundidad apostólica

Así como María imploró en el Cenáculo la gracia del Espíritu Santo para convertir a aquellos que habían abandonado y traicionado al Señor en valientes pregoneros de la Buena Nueva, así también ahora implora para nosotros esa gracia y nos la quiere regalar especialmente en el santuario. Debe obrarse en nosotros un milagro de gracia que nos transforme en apóstoles y nos saque de una actitud mediocre y cómoda.

El P. Kentenich lo expresa en el *Cántico al Terruño* con estas palabras:

> ¿Conoces aquella tierra preparada para el combate,
> acostumbrada a vencer en todas las batallas:
> donde Dios se desposa con los débiles
> y los acoge por instrumentos;
> donde, no fiándose de las propias fuerzas,
> todos confían heroicamente en él
> y están dispuestos a entregar por amor,
> la sangre y la vida?
>
> Yo conozco esa maravillosa tierra;
> es la pradera asoleada
> por los resplandores del Tabor,
> donde reina nuestra Señora tres veces Admirable
> en la porción de sus hijos escogidos,
> donde retribuye fielmente los dones de amor
> manifestando su gloria
> y regalando una fecundidad ilimitada.
> ¡Es mi terruño, es mi tierra de Schoenstatt! *(HP, 605)*

"Ella es la gran misionera, ella realizará milagros", decía el P. Kentenich haciéndose eco de las palabras de san Vicente Pallotti, el gran pionero del apostolado de los laicos en la Iglesia.

La gracia del envío y de la fecundidad apostólica completa el sentido de las dos gracias anteriores. La gracia del cobijamiento y de

Preguntas para la reflexión personal

- ¿Qué he emprendido apostólicamente?
- ¿Cuáles han sido los apos-tolados que más satisfacciones me han dado?
- ¿Me caracterizo por una actitud apostólica más bien pasiva que activa?
- ¿A qué persona admiro especialmente por su compromiso apostólico?
- ¿Qué tarea apostólica podría asumir?
- Si ya tengo una, ¿cómo la estoy realizando? ¿Qué podría mejorar en ella?

la transformación interior no son únicamente un don que Dios nos hace como individuos a través de María, sino que están orientadas a nuestro compromiso y fecundidad apostólica.

Durante siglos el apostolado de los laicos jugó un papel secundario en la misión evangelizadora de la Iglesia. Los laicos eran el "cuerpo pasivo", cuya tarea consistía especialmente en recibir y escuchar. Luego se les concibió como "el brazo extendido de la jerarquía". Sólo en el Concilio Vaticano II aparece en la conciencia de la Iglesia con mayor fuerza la necesidad del apostolado de los seglares, como un derecho y un deber que les es propio, como una participación en la función profética, sacerdotal y real de Cristo, que hoy más que nunca resulta necesario e imprescindible.

La Virgen María no poseía ningún cargo jerárquico en la Iglesia. No fue ni sacerdote ni cabeza de la Iglesia. Sin embargo, ella es la reina de los apóstoles. Nadie ha realizado un apostolado como el suyo. Nadie puede igualarla, ni siquiera acercarse, en la fecundidad apostólica de la Compañera y Colaboradora de Cristo. Por eso hoy, cuando ha llegado la hora de los laicos, ha llegado también la hora de María. La hora de una santidad en medio del mundo y para la redención del mundo.

Comprendemos entonces por qué María ha querido escoger su pequeño santuario de Schoenstatt como baluarte del espíritu apostólico. Allí ella quiere mostrarse de verdad como la gran misionera, que obra milagros de compromiso y fecundidad apostólica en sus hijos. Ella los acoge, los transforma y los envía para ser semilla de un mundo nuevo.

Textos del padre Kentenich

Lugares de gracia

Sin duda alguna, existen en el mundo lugares determinados donde Dios y la santísima Virgen están activos de una manera especial y eficaz. No se nos hace difícil creer en esto, nos es algo casi connatural. De ahí nuestra fe en los lugares de peregrinación. Así como en la naturaleza encontramos regiones más fuertes que otras, me permito usar de esta imagen también aquí. Tal como el sol que en algunas regiones hace madurar maravillosos frutos. O aún otra imagen: así como en algunos lugares nos encontramos con fuentes termales de salud, así también en el reino de Dios encontramos determinados lugares en donde el Espíritu de Dios, en donde la santísima Virgen está activa y eficaz de una manera especial. Como Familia de Schoenstatt consideramos como uno de estos lugares, con una sencilla y profunda fe, nuestro propio lugar de Schoenstatt y la imagen de la Madre tres veces Admirable. Esta es nuestra sencilla convicción de fe que hasta ahora ha impregnado la totalidad de nuestra vida. También sabemos, y nos inclinamos llenos de fe ante este hecho, que quien busca vincularse con este santuario se convencerá que la gracia está viva en él; dondequiera que nos encontremos, espiritual o físicamente, ante una imagen de María, nuestra Madre tres veces Admirable de Schoenstatt y nos inclinemos llenos de fe ante ella, podremos recibir las mismas gracias como si hubiéramos estado en el lugar de Schoenstatt. No es difícil, para quienes ya han estado alguna vez en el lugar de Schoenstatt, al contemplar estas imágenes de nuestra Madre, poder orientarse espiritualmente hacia allá. Sin duda que el contacto físico significa mucho, pero el contacto creyente y espiritual es el decisivo.

(P. Kentenich, 1940)

Entrar en la escuela de María

Hacerse semejante a Cristo, en y a través de la santísima Virgen, significa tomar parte, en forma singular, en la vida del Cristo sufriente, pobre, humillado, crucificado y despreciado. Entrar en la escuela de María no significa vivir constantemente "in dulci jubilo", sino que significa imprimir en sí mismo la imagen del Cristo doliente ... Aquél que se entrega a la santísima Virgen debe llegar hasta la cruz. Pero, siendo ella la que nos conduce al Calvario, éste, siendo duro, nunca llega a ser demasiado duro. Ella nos regalará la gracia de que alguien nos ayude a llevar la cruz.

(P. Kentenich, 1952)

La gracia del arraigo o del cobijamiento espiritual

Con toda intención hablo de una gracia de arraigo o de cobijamiento espiritual. Se trata de lograr el pleno arraigo en el corazón de Dios eterno. Pues nuestra convicción más inconmovible es ésta: que el corazón de María es el corazón de Jesús y el corazón del Padre Dios vueltos hacia nosotros.

Existen muchas y muy diversas formas de sufrimiento. Los hombres podemos ser asaltados ora por unas, ora por otras. Pero el sufrimiento más penoso de todos es el del desarraigo espiritual. ¡Y para cuánta gente es hoy este desarraigo, es decir, la posibilidad de quedar sin patria y sin hogar espiritual, un peligro inminente! Nos encontramos espiritualmente desarraigados y descobijados cuando comenzamos a perder lentamente la fe que recibimos en nuestra infancia y que logró plasmar nuestra vida. Estamos interiormente desarraigados, cuando se apagan en nosotros todos los anhelos de cosas grandes . Es tal la cantidad de nuevas ideas que nos invaden que las grandes verdades de la fe se ven arrastradas por la corriente. Frente a esto, María quiere ofrecernos la gracia del arraigo espiritual. ¿Qué quiere darnos? Un arraigo profundo en las grandes verdades de la fe; en aquellas que hicieron felices a nuestros antepasados, en aquellas que Jesús nos trajo como verdades eternas. ¿Cómo suena esto frente al mundo de hoy? "Yo soy la verdad", parece decirnos Cristo. ¿Y dónde está hoy día la verdad? "Yo soy la verdad".

María quiere concedernos las gracias de peregrinación, aquéllas que, según nuestra experiencia, sabemos que podemos implorar en Schoenstatt. Ella desea ofrecernos aquí un hogar espiritual, un terruño, una patria. ¿Dónde reside la fuente más profunda para nuestra confianza? En el Padre Dios, en el Dios eterno. ¿Y a quién ha participado Dios su poder? A María, la Madre de Dios.

Pensemos en la falta de hogar espiritual, en el desarraigo del hombre de hoy. Todos anhelamos sentirnos cobijados en el corazón de alguien. Pero el corazón humano está lleno de infidelidades. ¿Qué debería significar el cobijamiento que buscamos en un corazón humano? Debería abrirnos el camino hacia nuestro arraigo y cobijamiento en el corazón mismo de Dios. Debería llevarnos a anclarnos profundamente en Dios. Debería impulsarnos y elevarnos hacia Dios por encima de todo desengaño humano. Está claro: lo que llamamos arraigo espiritual es el arraigo en el corazón de Dios. Pues, ¿no es acaso el Dios vivo la causa de toda nuestra confianza? San Agustín acuñó este pensamiento: "Quien ha buscado su apoyo junto al rostro de Dios, no teme en absoluto al rostro de los poderosos de este mundo". Realmente, la fuente de nuestra confianza reside en esta gracia del cobijamiento.

(...) La gran condición previa para todo lo grande y lo bueno que Dios nos pueda regalar, es la entrega total a la búsqueda del Reino de Dios y de su justicia. Aquí nos movemos en nuestro terreno pro-

pio. Si hemos recibido la gracia de encontrar nuestro hogar en el corazón del Dios vivo, entonces podrá ocurrir lo que sea y todo será siempre para nuestro bien. Podrán sacudirnos muchas tormentas, podrán arrancarnos del corazón nuestras cosas y a nuestros seres más queridos; sin embargo, tendremos la más segura certeza de que todo aquello sucede para nuestro bien. Esta es la gran condición que cada uno de nosotros debe tratar de cumplir: pertenecer a Dios con todo su ser, de día y de noche, en medio de los golpes del destino como en los días de alegría.

Arraigo y cobijamiento espiritual. Cuando se nos regala esta gracia, podemos tener una confianza inmensa e inalterable en el Dios de la vida. Pero no debemos interpretar esto como si se tratase de una garantía en el sentido de que ninguno de los nuestros morirá (debe recordarse que esta plática fue dada en medio de la segunda guerra mundial. NT.). Sin duda que de cuando en cuando nos ocurrirán desgracias. Pero cuando nos ocurra una desgracia, entonces debemos estar seguros de que nos es enviada por Dios para nuestro bien. Es Dios que quiere arraigarnos más profundamente en su corazón y asemejarnos más a su Hijo Unigénito. Por nuestro arraigo en el corazón de Dios estamos como fuera del mundo, como más allá del mundo y de sus pruebas.

Un sabio afirmó una vez: "Denme un punto de apoyo situado fuera del mundo y yo lo moveré, haciendo saltar el mundo de sus goznes". De igual manera, si nosotros alcanzamos un profundo arraigo y cobijamiento espiritual en Dios, podremos dominar la vida que nos causa hoy día tantas heridas. Y levantaremos al mundo de sus goznes.

Textos del padre Kentenich

La gracia de la transformación interior

Si analizamos ahora la segunda gracia de peregrinación que, según nuestra experiencia, se nos da en Schoenstatt, es decir, la gracia de la transformación interior, quisiera repetir, desde un nuevo ángulo, lo que ya he dicho anteriormente. Transformación interior. No sé si debería señalar aquí cómo María, la santísima Virgen, convirtió algunos lugares en lugares de gracia durante su vida histórica. Detengámonos un momento en la escena de su visita a su prima Isabel. ¿Qué nos dice la Biblia? El Espíritu Santo deberá impulsarnos a inscribir esos momentos en nuestro corazón. Aparece María, e Isabel queda llena del Espíritu Santo. Pero no, no fue exactamente así. María, la santísima Virgen, debió cooperar primero, debió pronunciar una palabra, expresar su saludo. Recién después del saludo, después que María hizo oír su palabra en casa de Isabel, quedó ésta llena del Espíritu Santo. Aquí tienen un ejemplo típico de la actividad propia de María en el Reino de Dios.

Nosotros que esperamos nuestra transformación interior como un don del Espíritu Santo, ¿de qué manera lo vamos a pedir? Esperamos, pedimos y anhelamos del Espíritu Santo el don de una fuerte valorización de nuestra personalidad, de nuestra nobleza y dignidad personales, por la intercesión de María. Queremos pedir, especialmente, el don de saber valorizar la personalidad de la mujer. ¿Por qué digo esto? Tratemos de comprender primero la escena recién mencionada. La santísima Virgen no sólo fue portadora de Cristo sino que también debió cooperar en la comunicación de su gracia mediante su saludo. Entonces la luz del Espíritu Santo iluminó a Isabel y ésta comprendió la grandeza de María. "¿Cómo es que he sido digna de que la Madre*

* El P. Kentenich está hablando a un auditorio femenino. NT.

de mi Señor venga a mí?". Sí, ella reconoció la grandeza de María y, en primer lugar, su grandeza de mujer. Por eso irrumpió en aquella otra alabanza: "Bendita eres entre todas las mujeres". Nosotros quisiéramos implorar también esta gracia: la de comprender profundamente el valor de la persona, de la personalidad en gracia. (...) Si la santísima Virgen quiere regalarnos la gracia de la transformación interior, entonces debería regalarnos también la gracia de un profundo respeto por la persona humana, una gran preocupación por cada individuo. Con ello recibiremos algo muy grande.

Nuevamente: "Denme un punto de apoyo y moveré el mundo de sus goznes". Si nos apoyamos en una adecuada valorización de la persona, podremos deducir de allí nuestra forma de conducta y acción. ¿Qué tiene que ver esto con lo afirmado anteriormente acerca de nuestra confianza inconmovible? Permítanme indicar muy brevemente la relación. Quien haya experimentado la gracia extraordinaria de saberse valorado como persona, no podrá sentirse nunca, ni dejará tampoco que lo traten, como una simple mercancía. Y hay pocos hombres así. Esta gracia implica, en cierto sentido, la garantía de que también se recibirán las otras gracias.

(Al referirse a la gracia de la transformación interior, el P. Kentenich destaca aquí el don de la fe en la dignidad de la persona humana. Lo hace teniendo como telón de fondo la persecución nazi. Los cristianos no se dejarán quebrar, embrutecer, ni esclavizar, en la medida en que estén conscientes de su dignidad de hijos de Dios y actúen en consecuencia. NT.).

Textos del padre Kentenich

La gracia de la fecundidad apostólica

Lo mismo debiéramos decir de la tercera gracia de peregrinación: la gracia de la fecundidad apostólica. Desde que nos hemos esforzado como Familia por vivir nuestra entrega en blanco, desde que nos hemos entregado con tal disponibilidad en manos de la santísima Virgen, podemos esperar una gran fecundidad apostólica. Nosotros hemos recibido una misión de Dios a través de María y lo que hasta ahora había impedido a la santísima Virgen la realización de dicha misión, era el hecho de que ésta dependía de nuestra disponibilidad. Por eso esperamos ahora una inmensa fecundidad. Mientras más disponibles estemos nosotros para el reino de Dios, tanto más profundamente crecerá éste en nosotros. Y mientras más crezcamos en Dios, tanto más confiado será nuestro caminar a través de los peligros de la vida.

Nuestra súplica de fe a la Madre tres veces Admirable debería obtenernos una vigorosa gracia de transformación expresada en una confianza inconmovible en el Padre Dios.

(P. Kentenich, 1940)

El "secreto" de Schoenstatt

Definimos el "secreto" de Schoenstatt como la "vinculación local y la fecundidad universal de la Madre tres veces Admirable en Schoenstatt y desde Schoenstatt, ambas como fruto de la libre acción de las fuerzas de la gracia divina y de la libre cooperación humana".

Si revisan la definición, encontrarán que son tres los elementos constitutivos del "secreto" de Schoenstatt:

- *la vinculación local;*
- *la fecundidad universal (de la santísima Virgen) en Schoenstatt; y, ambas, concebidas como el resultado de*
- *la libre acción divina y la libre y personal cooperación del hombre.*

Detengámonos en el primer elemento constitutivo de nuestro "secreto" de Schoenstatt: la vinculación local.

Vinculación local: ¿qué significa esto? Si tomamos en cuenta todo el contexto, debiésemos precisar: la vinculación de la santísima Virgen al lugar de Schoenstatt. Pero, a título de formulación, podría bastarnos con decir: la vinculación local y la fecundidad universal de la Madre tres veces Admirable.

¡La vinculación local de la Madre tres veces Admirable a Schoenstatt! He ahí una toma de posición clara y definida acerca de la pregunta sobre qué es lo principal en Schoenstatt: ¿ser símbolo de un gran mundo de ideas o ser un lugar de peregrinación? Respuesta: vinculación local. No basta por lo tanto, introducir a los nuestros en el gran mundo de nuestras ideas y decirles: estas ideas son las transmitidas por Schoenstatt. Necesitamos que Schoenstatt llegue a ser un símbolo de determinadas ideas, pero también necesitamos entender a Schoenstatt como un original lugar de gracias de la Madre tres veces Admirable. Necesitamos claridad, porque son las grandes tareas las que estremecen al mundo y a la Iglesia. ¿Qué es lo primario en Schoenstatt? Si Schoenstatt, antes que nada, es un lugar de gracias, una fuente de aquellas gracias que necesita el Movimiento para la tarea que debe realizar, ¿qué se concluye de esto? Que quien no esté vinculado con entusiasmo al lugar de Schoenstatt y no acepte este hecho, no podrá captar lo que constituye el alma del Movimiento.

Textos del padre Kentenich

La santísima Virgen puede estar o no estar en todas partes. En todo caso, para nosotros, ella está presente aquí, en nuestro santuario. Su amor y su mediación de gracias están unidos a este lugar. ¿Comprenden la consecuencia que de esto se deriva? Si entramos en contacto de fe con este lugar –sea física o espiritualmente– esto significa que se produce una mediación de gracias en el sentido de la misión de la Familia. Si poseemos una medalla (de Schoenstatt) y tenemos fe, mientras miramos lo que ella representa, nos recordamos, a través de ese espíritu de fe, de este lugar y nos unimos a él. Con ello se produce una mediación de gracias, por parte de la Madre tres veces Admirable, en el sentido de la misión de nuestra Familia de Schoenstatt. No recibimos cualquier tipo de gracias, sino gracias que van en el sentido de nuestra misión.

Cuando entramos en contacto de fe con la tierra de Schoenstatt, sea física o espiritualmente; cuando estamos en el pequeño santuario, cuando aquí rezamos con fe, entonces es seguro: recibimos más gracias en el sentido de nuestra misión de Schoenstatt que si rezásemos en cualquier otro sitio, sin esta unión de fe con el lugar de Schoenstatt. Las gracias de nuestra misión personal y comunitaria están esencialmente unidas a nuestro pequeño Santuario. Nuestra fuente de gracias es, a la vez, obra de la gracia y de la cooperación humana. Nuestra fuente de peregrinación no surgió sin nosotros. Allí reside la originalidad de nuestro lugar de peregrinación: "Nada sin nosotros".

Yo creo que el "alma schoenstattiana" recién nace cuando

capta la importancia de nuestro santuario y cuando comienza la vinculación a la capillita.

(...)La fecundidad de la santísima Virgen se manifiesta a través de su acción en profundidad y en extensión.

Por nuestra Acta de Fundación sabemos que esta fecundidad universal (que la santísima Virgen manifiesta desde el santuario de Schoenstatt) es primariamente de tipo espiritual, en el orden de la gracia, y no una fecundidad que se refiera a la solución de nuestros problemas corporales. Esto es lo primario. Lo otro, la ayuda en las necesidades corporales, no está excluida, como consecuencia de la estrecha unión existente entre alma y cuerpo. Pero lo que tenemos que esperar en forma directa es la transformación en Cristo de las personas, del mundo entero. En esto consiste la acción de la fecundidad universal de la santísima Virgen (a partir de Schoenstatt) desde el punto de vista de su extensión. ¡Esto es lo que ella quiere lograr! (...)

Una obra debe edificarse en base a las mismas leyes que le dieron origen. ¡Piensen en la importancia que tiene nuestra cooperación! ¿No se entrelazan aquí en forma extraordinaria lo natural y lo sobrenatural? La corriente de gracias nos fuerza a enfrentarnos con Schoenstatt. ¿No debería ser nuestra vida un permanente vivir para Schoenstatt? Cuando rezo, cuando trabajo, cuando hago sacrificios, cuando hago grandes esfuerzos, lo hago con la conciencia: esto es para Schoenstatt. Así se fortalece la vinculación local.

Schoenstatt vive o muere según nuestro serio esfuerzo por la santidad. Otros lugares de peregrinación existen sin esta condición. Schoenstatt, en cambio, depende de personas que realmente se esfuercen por la santidad y unan ese esfuerzo por la santidad a nuestro santuario.

(P. Kentenich, 1933)

3. La alianza de amor está ligada esencialmente al fundador

3.1. El P. Kentenich como instrumento de Dios

Anteriormente dijimos que Schoenstatt, al igual que la Iglesia, no es, en primer lugar, ni una organización ni una determinada ideología, ni un sistema ascético-moral. Es, antes que nada, un acontecimiento. En la plenitud de los tiempos, por obra del Espíritu Santo, el Verbo se hace carne en las entrañas de una virgen, desposada con un varón llamado José, del linaje de David, en un país en las fronteras del imperio romano... Dios es concreto, el Verbo *se encarna,* se condiciona a lo material y temporal. También la Iglesia: es divina y terrena, es visible, con una historia que manifiesta el poder de Dios y la debilidad humana.

Esta "ley de la encarnación", se hace también especialmente presente en Schoenstatt. En él se da una alianza concreta, en un lugar concreto, a través de hombres concretos. Y en medio de esto ocupa un lugar especialísimo el Padre José Kentenich, su fundador. Sin él no se habría dado ese acontecimiento. Dicho más exactamente: la iniciativa divina que está en el fondo del acontecimiento de gracias, esa nueva "irrupción de lo divino en lo humano", no se dio sin el P. Kentenich.

Dios normalmente procede así en la conducción del mundo y de la Iglesia: "Dios actúa a través de causas segundas libres", es decir, él busca instrumentos a los cuales elige como portadores de sus iniciativas.

Como hemos visto en los capítulos anteriores, fue el P. Kentenich quien creyó que Dios lo llamaba a ofrecerse a la santísima Vir-

gen, para sellar con ella un pacto de amor en el santuario. Fue él quien invitó al grupo de jóvenes a comprometerse, para cooperar con María en esta nueva iniciativa divina. La historia demostró posteriormente que no se había equivocado en la interpretación del querer divino.

Por eso decimos que es esencial a Schoenstatt este "intermediario" del cual Dios se valió para llevar a cabo su plan de amor. Si la esencia misma del Movimiento es ese lugar de gracias y la alianza de amor en él sellada, entonces hay que decir que el P. Kentenich, como fundador e instrumento de Dios, también es esencial para entender e integrarse a este acontecimiento de gracia. Incorporarse a Schoenstatt significa adentrarse y apropiarse de lo que le dio origen, de lo cual el protagonista humano central, después de María, es el fundador.

Schoenstattiano es, entonces, aquel que solidariza con el P. Kentenich. Quien lo llega a reconocer como fundador y guía en su camino.

Si Dios Padre nos pensó en este sentido como hijos y miembros de la Familia de Schoenstatt, tenemos que sacar las consecuencias. Así crecemos en nuestra vida de alianza como schoenstattianos, en la medida que profundizamos nuestra relación con el fundador. O, como se ha expresado en la Familia, en la medida que nos *asemejamos* a él y lo *seguimos*.

En la medida que nos asemejamos a él, vale decir, viviendo la alianza de amor, y haciendo de ella el alma de nuestra alma, tal como él lo hizo. En la medida que lo seguimos, es decir, considerándonos sus hijos que, en dependencia suya, continúan su obra para bien de la Iglesia.

El P. Kentenich –como todos los fundadores– no deja de ejercer su papel de fundador y padre de la Familia en el cielo. El está presente para nosotros, está vivo y actuante. El está consciente paternalmente de la alianza que nos une a su persona, así como nosotros queremos estar cada día más conscientes de la alianza filial que nos ata a su persona y a su misión.

3.2. Crecimiento progresivo en nuestra relación al fundador

Normalmente, quien sella la alianza de amor no tiene plena conciencia reflexiva de la relación que ésta posee con el fundador. Lo importante es que, de algún modo, en esa alianza el vínculo con el fundador esté al menos comprendido en germen. Algo semejante podría darse respecto al santuario. Cuando una persona sella la alianza, es posible que en su conciencia esté en primer plano la relación de amor con María, y que, en cambio, la relación al santuario esté en un segundo plano.

Esta situación, que puede darse en un inicio, sin embargo posteriormente está llamada a desplegar toda su potencialidad. El desarrollo de la alianza de amor de suyo conduce a una conciencia cada vez más viva de todas sus dimensiones.

La analogía con el bautismo puede esclarecer lo que tratamos de expresar. Cuando recibimos el bautismo, por nuestra incorporación a Cristo, pasamos a ser "familiares de Dios", hijos de Dios Padre, templos del Espíritu Santo, miembros de la Iglesia, etc. Pero la potencialidad de esa gracia bautismal se va explicitando en la medida que el cristiano la cultiva y coopera con ella. De modo semejante –aunque, por cierto, en otro nivel– se da algo análogo en la alianza de amor sellada con María como Madre y Reina de Schoenstatt.

La relación con el fundador no se equipara con el vínculo que pudiésemos tener con algún santo de nuestra devoción. En la relación con el P. Kentenich como fundador, se juega nuestro ser y fecundidad como schoenstattianos. Si Dios nos ha llamado a Schoenstatt, en cuanto schoenstattianos, las gracias que necesitamos para crecer como tales y llegar a "la plena estatura en Cristo Jesús", es-

tán condicionadas a nuestro "asemejamiento y seguimiento" del fundador. Participamos del carisma y de las mismas gracias que recibió el fundador al sellar la alianza con María.

Por eso decimos que la originalidad de la alianza de amor con nuestra Madre y Reina en el santuario, comprende esencialmente la relación filial con el P. Kentenich. Conocer al fundador, empaparnos de su espíritu, adentrarnos en su vida y su experiencia, seguir sus pasos, mantener con él una relación viva y personal, amarlo de manera especial, nos identifica, nos hace crecer y nos hace fecundos en medio de la Iglesia.

Preguntas para la reflexión personal

- ¿He leído alguna biografía del P. Kentenich? ¿Cuál?
- ¿He escuchado alguna vez un testimonio o visto un video de alguien que lo conoció personalmente?
- ¿Cómo me imagino al P. Kentenich? De todo lo que he escuchado sobre él, ¿qué me llama más la atención?

4. La alianza de amor nos une a una Familia

La alianza de amor crea familia. No genera sólo una relación meramente individual con la santísima Virgen. Tampoco se queda en el vínculo personal con el padre fundador. Cuando sellamos la alianza de amor en Schoenstatt, sellamos, al mismo tiempo, una alianza con la Familia de Schoenstatt. Los miembros del Movimiento pasan a ser "nuestros hermanos en la alianza".

La dimensión comunitaria pertenece a la esencia de la alianza. De ello da testimonio el Antiguo y el Nuevo Testamento. El sacramento del bautismo, al sumergirnos en la Nueva Alianza, nos hace miembros de Cristo y hermanos entre nosotros: en Cristo Jesús formamos un solo cuerpo.

Toda la revelación y la espiritualidad bíblica indican en esta dirección. Nunca aparece en ella el hombre aislado de los demás o ajeno a su pueblo. Recién creado Adán, Dios pronuncia las palabras: "No es bueno que el hombre esté solo" (Gn 2, 18). Desde el inicio, Adán y Eva aparecen formando una misteriosa unidad entre ellos y con todos aquellos que serán sus descendientes. Dios creó la humanidad como una red solidaria en la cual el destino de cada hombre está intrínsecamente ligado al de los demás. De allí que la caída de Adán y Eva no sólo les afectó a ellos, sino que su infidelidad ha repercutido profundamente en toda la raza humana.

La historia de la restauración del vínculo de amor, roto por los primeros padres, posee también una trama comunitaria. Dios busca hombres para formar con ellos un pueblo. Sella con ellos una alianza por la cual él pasa a ser "su Dios" y ellos "su pueblo". La persona individual sólo se incorpora a la alianza integrándose al pueblo de alianza, formando una "familia de alianza".

Esta ley vale igualmente –o mucho más aún– para el Israel de la Nueva Alianza, la Iglesia. El pueblo de la Nueva Alianza forma una unidad y solidaridad compacta, profunda e íntima en torno a Cristo Jesús. En comparación con ella, lo vivido en la antigua alianza es sólo como una sombra (ver Col 2,17).

La Iglesia representa la culminación de la solidaridad no sólo entre Dios y los hombres, sino también de los hombres entre sí. Porque somos en Cristo "un solo Cuerpo y un solo Espíritu" (Ef 4, 4), porque hay "un solo Señor, una sola fe, un solo bautismo, un solo Dios y Padre de todos, que está sobre todo, por todos y en todos" (Ef 4, 5-6). "Nosotros –explica san Pablo– siendo muchos, no formamos más que un solo cuerpo en Cristo, siendo cada uno por su parte, los unos miembros de los otros" (Rom 12, 5). No obstante nuestra diversidad –agrega san Pablo– constituimos una unidad: "Porque en un solo Espíritu hemos sido todos bautizados, para no formar más que un Cuerpo, judíos y griegos, esclavos y libres" (1 Cor 12, 13).

Por eso, nos dice el apóstol "ya no son ustedes ni extraños ni forasteros, sino conciudadanos de los santos y familiares de Dios, edificados sobre el cimiento de los apóstoles y profetas, siendo la piedra angular Cristo mismo, en quien toda edificación bien trabada se eleva hasta formar un templo santo en el Señor" (Ef 2, 19-21).

La alianza de amor con María nos lleva a vivir intensamente esta realidad. Por la alianza somos familia y formamos una estrecha "solidaridad de destinos". Estamos "entrelazados" los unos a los otros en unión a María y a nuestro Padre y Fundador.

De allí que cuando el P. Kentenich describe el ideal de Schoenstatt en el *Cántico al terruño,* diga:

> ¿Conoces aquella tierra cálida y familiar
> que el amor eterno se ha preparado:
> donde corazones nobles laten en la intimidad

y con alegres sacrificios se sobrellevan;
donde, cobijándose unos a otros,
arden y fluyen
hacia el corazón de Dios;
donde con ímpetu brotan fuentes de amor
para saciar la sed de amor que padece el mundo?
Yo conozco esa maravillosa tierra:
...
¡Es mi terruño, es mi tierra de Schoenstatt! *(HP, 600)*

Y expresando su propia experiencia y la de la Familia, confiesa:

Estoy tan íntimamente ligado a los míos,
que yo y ellos nos sentimos siempre un solo ser:
de su santidad vivo y me sustento
y, aun, gustoso estoy dispuesto a morir por ellos.
(HP, 470)

La alianza de amor con María pone así ante nosotros una doble tarea: ser familia y forjar familia.

Ser familia, es decir, vivir una estrecha solidaridad de destinos. Sabernos y sentirnos hermanos, miembros solidarios los unos de los otros. Ese es el auténtico espíritu de Schoenstatt, el espíritu que vence las herejías propias de nuestra época: el colectivismo masificante y el individualismo. Es el espíritu que supera la división y el odio, que reconcilia y crea lazos fraternales y forja la nueva civilización del amor.[1]

Para que esto sea posible no basta una mera "convivencia pacífica"; un "respetarnos" los unos a los otros, o el mero estar vinculados "espiritualmente". Se requiere el cultivo de una unidad real, de corazón, de palabra y de obra, espiritual y material, de planificación y de trabajo; una unidad capaz de ser signo e instrumento de salvación de un mundo cada vez más dividido:

1 Ver *Documento de Puebla*, n. 1188 y *Mensaje a los pueblos de América Latina*, en *Documento de Puebla*, n. 8.

> Desde aquí construye un mundo
> que sea grato al Padre,
> tal como lo imploró Jesús
> con aquella anhelante oración.
> Siempre allí reinen amor,
> verdad y justicia,
> y esa unión que no masifica,
> que no conduce al espíritu de esclavo. *(HP, 495-496)*

Con ello queda señalada, también, la segunda gran tarea: *forjar familia,* gestar unidad en todos los niveles: familiar, eclesial, nacional e internacional. Vivir como hombres de alianza que forjan familia, como "constructores de la paz", en la verdad, la justicia y el amor.

La alianza de amor con nuestra Madre y Reina en su santuario posee, por lo tanto, una dimensión vertical y una horizontal. Esta última es expresión, garantía y protección de la primera. Porque si decimos que amamos a Dios o que amamos a María y no amamos a nuestros hermanos, nos engañamos (cf. 1Jn 4, 20). Lo mismo sucedería si nos confesamos hijos del Padre fundador pero no vivimos preclaramente nuestra fraternidad. Un verdadero amor a nuestros hermanos es el sello de autenticidad del amor a María, al Señor y al P. Kentenich; es la prueba de que vivimos la alianza.

Preguntas para la reflexión personal

- **¿Qué experiencia de familia tengo?**
- **¿Qué papel tenía la solidaridad entre los miembros de la familia?**
- **¿Siento a la Iglesia como una familia? ¿Por qué sí o por qué no?**
- **¿En que contribuyo yo a formar familia?**
- **¿Qué persona admiro en este sentido? ¿Qué hace ella en particular?**

5. La alianza de amor se proyecta en una misión

5.1. Conciencia apostólica unida a la alianza de amor con María

A menudo la piedad mariana que practican muchos cristianos se queda en una mera devoción o en un pietismo carente de fuerza apostólica. Schoenstatt busca superar esta deformación de la verdadera espiritualidad mariana. No quiere ser un "club de autoformación", donde sus socios piensan que deben pasar la vida formándose, a fin de poder algún día estar capacitados para emprender tareas apostólicas.

Schoenstatt nació como un Movimiento marcadamente apostólico y así quiere seguir su camino a través de los siglos.

La santísima Virgen es el prototipo del apóstol y, por otra parte, es la Reina que nos invita en la alianza a asumir con ella tareas apostólicas en el reino de su Hijo. Busca personas con quienes sellar una alianza de amor y transformarlos en instrumentos aptos en sus manos. Su misión es traer nuevamente a Cristo al mundo, preparar el advenimiento de su reino, ganar a todos para que acojan la voluntad del Padre en Cristo Jesús.

De allí que la entrega a María necesariamente implique un compromiso apostólico.

5.2. Una misión mariana para nuestro tiempo

En alianza con María la Familia de Schoenstatt se siente llamada a impulsar un renacimiento del espíritu misionero de la Iglesia, de modo que ésta pueda desplegar toda su fuerza de conquista apostólica. Pues, como afirma Puebla, "éste es el tiempo de un nuevo Pentecostés que María preside con su oración" (DP, n. 303).

Pero el apostolado unido a la alianza de amor en Schoenstatt no abarca sólo esto. Es aún más específico en su proyección misionera. El trasfondo de la misión mariana de Schoenstatt sólo se puede entender a la luz de los desafíos que plantea al cristiano actual el extraordinario cambio de época que estamos viviendo.

El P. Kentenich lo enfatizó en reiteradas ocasiones: hoy se echan los dados por siglos. Hemos traspasado el umbral del tercer milenio y aún experimentamos con fuerza que el cambio de época que se inició en el siglo veinte, y que tiene sus raíces en el renacimiento, aún está en plena evolución. ¿Qué sello tendrá la cultura de la nueva era cibernética, de las comunicaciones globales y de las transnacionales cada día más poderosas? ¿Será el sello de Cristo?

Como explicábamos anteriormente, según el P. Kentenich existe un bacilo que enferma la cultura actual hasta en sus más hondas raíces. Es el bacilo del mecanicismo o de la separación mecanicista de fe y vida, del mundo natural y sobrenatural, de Dios y del hombre.

Habiéndose desligado del Creador, no sintiendo la necesidad del Redentor, la humanidad carece de fundamento para un orden moral. El hombre autónomo se siente dueño absoluto de lo que es y de lo que hace. No tiene que dar cuenta a nadie de su proceder. De esta forma hoy reina un relativismo moral casi sin límites. ¿Quién determina la norma en medio de la selva? ¿Quién dicta-

mina? ¿Cuál es el orden objetivo? Lo dictamina el poder político, el poder de las armas, el poder económico, el poder de los medios de comunicación o el poder de los consensos por mayoría. Dios nada tiene que ver en ello.

Pero abandonar a Dios se paga caro: "La apostasía de Dios trae consigo la corrupción y la descomposición". "El humanismo sin Dios –afirma el P. Kentenich, citando a Hettinger– conduce a la corrupción y llega hasta la bestialidad".

Es así como en medio de los increíbles avances científicos y técnicos de nuestra era, cada vez abunda más la corrupción en todos los órdenes de la sociedad: la peste del sida; el narcotráfico; los sistemas de trabajo inhumanos; la explotación de los más débiles; la desintegración de la familia; las aberraciones de la biogenética; la confusión y distorsión de los géneros; y pronto, quizás, también la tentativa de la clonación humana. Hoy todo es posible ... ¿acaso el hombre no es "libre"? ¿No es ya adulto?

La antítesis de ese mundo es María. Ella es la Gran Señal que Dios ha hecho brillar en el nuevo horizonte de la era antropocéntrica. Ella encarna lo que Dios pensó del ser humano. Ella personifica la perfecta armonía de lo natural y de lo sobrenatural. En ella lo humano se hace divino y lo divino se hace cercano y familiar.

Esto es lo que visualizó el P. Kentenich. El anunció proféticamente una nueva era mariana. María tenía que hacerse presente para dar a luz a Cristo salvador en los "novísimos tiempos". En ella Dios nos muestra "la estrella de la nueva evangelización". Por eso el santuario. Allí María se quiere mostrar como la Vencedora de las herejías antropológicas y Forjadora del hombre nuevo que une armónicamente naturaleza y gracia.

Por eso las palabras del P. Kentenich, el 31 de mayo de 1949, cuando llama, desde el santuario Cenáculo de Bellavista, a una gran cruzada mariana:

> (La santísima Virgen) está supeditada a instrumentos humanos dóciles y de buena voluntad. Si es que por el Primer Documento de Fundación ha aceptado la tarea de mostrarse en Alemania, desde nuestro santuario, en forma preclara, como la vencedora de los errores colectivistas, entonces ella, –me expreso a la manera humana–, busca ansiosa con su mirada instrumentos que la ayuden a realizar esta tarea. *(Documentos de Schoenstatt, pág. 182, n. 25)*

Desde esta perspectiva comprendemos la misión que María nos encomienda en su santuario. La alianza de amor con ella está esencialmente ligada a esta misión mariana. Como instrumentos suyos, aliados con ella y con el padre fundador, se nos envía a poner manos a la obra. Es preciso construir un mundo nuevo, desde sus fundamentos, un mundo "marianizado" y, por ello, cristianizado. María, afirma el P. Kentenich, es "portadora de futuro". La Iglesia va a experimentar un profundo renacer mariano, como nunca antes lo vio.[2]

[2] Ver P. Rafael Fernández, *El 31 de Mayo, una Misión para nuestro Tiempo,* Editorial Patris, pág. 56.

Preguntas para la reflexión personal

- **¿He pensado que la santísima Virgen me necesita también a mí?**
- **¿Cuál podría ser mi aporte personal?**
- **¿En qué le puedo servir yo como instrumento?**
- **¿Qué cualidades o talentos me ha dado Dios en especial?**

Palabras de Juan Pablo II

La alianza sellada por el fundador

EN esa experiencia del Espíritu que ha dado origen a vuestro Movimiento, ocupa un lugar central la alianza de amor que el fundador y la primera generación selló con la santísima Virgen en el santuario de Schoenstatt el 18 de octubre de 1914. La vivencia fiel y generosa de esta alianza os conducirá a una plena realización de vuestra vocación cristiana. Experimentaréis cuán verdadera es la afirmación del Concilio Vaticano II: "María, que por su íntima participación en la historia de la salvación reúne en sí y refleja, en cierto modo, las supremas verdades de la fe, cuando es anunciada y venerada, atrae a los creyentes a su Hijo, a su sacrificio y al amor del Padre" (LG, 65). María, en efecto, ha recibido de Dios el encargo de ser imagen preclara y educadora materna del 'hombre nuevo' en Cristo (cf. Col 3, 9 -10). El amor a ella os debe conducir a asimilar y reflejar su ejemplo de vida en vuestra propia vida. Haced vuestras las actitudes de María: su entrega confiada a la voluntad del Padre, su incondicional seguimiento de Jesucristo hasta la cruz, su docilidad a las insinuaciones del Espíritu Santo, su amor servicial a los hombres –especialmente a los más pobres y necesitados– su creativa cooperación como colaboradora en la redención del mundo".

(Juan Pablo II, Discurso a los representantes del Movimiento de Schoenstatt, 20 de septiembre 1985)

servus
mariae
nunquam
SCHÖN
STATT
1914

Capítulo 5

Cómo crece y se profundiza la alianza de amor

Han sellado una Alianza contigo:
se conserve firme como fundida en bronce;
entonces los sé bajo un seguro y fiel amparo
y no temo la furia salvaje del diluvio.

(HP, 533)

Con alegría y agradecimiento acogemos el don inmenso de su maternidad, su ternura y protección, y aspiramos a amarla del mismo modo como Jesucristo la amó. Por eso la invocamos como Estrella de la Primera y de la Nueva Evangelización.

(Santo Domingo, I:15)

Cómo crece y se profundiza la alianza...

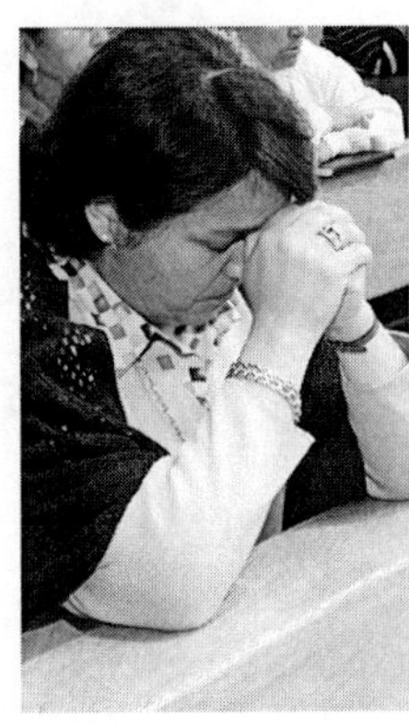

Cuando el P. Kentenich se pregunta cómo crecemos en nuestro amor a Dios, da una respuesta simple y profunda: debemos:

- *contemplarlo en la fe,*
- *dialogar con él, y*
- *darle muestras concretas de nuestro amor.*

En verdad, todo amor crece en la medida que conocemos mejor al tú, que dialogamos con él y que le demostramos con hechos el amor que le profesamos.

El conocimiento precede, acompaña y alimenta al amor. Además ese amor crece en el diálogo que establecemos con el tú. Esto posibilita el acercamiento y el intercambio de intereses y de afectos que forman parte esencial del amor. Un tercer aspecto viene a coronar y, a la vez, a dar una auténtica dimensión de amor a la relación que se ha establecido: la capacidad de demostrar y probar el amor en el sacrificio y la renuncia. "Obras son amores y no, buenas razones", dice el refrán. San Juan lo expresa así: "Hijitos míos, no amemos de palabra ni de boca, sino con obras y según la verdad" (1 Jn 3, 18). Se hacía eco de las palabras del Señor: "No todo el que me diga: 'Señor, Señor', entrará en el Reino de los cielos, sino el que haga la voluntad de mi Padre celestial" (Mt 7, 21).

Cuando se trata de la alianza de amor con María valen estas mismas leyes del crecimiento del amor. Queremos conocer mejor a María, aprender a dialogar con ella y disponernos a darle pruebas de nuestro amor. Con esto hemos trazado un plan de crecimiento y desarrollo de nuestra vida según la Alianza de Amor con María.

1. Crecer en el conocimiento sobre María

1.1. Perspectiva general

Un antiguo adagio de la filosofía dice: "No se ama sino aquello que se conoce". Para llegar a amar a alguien, es imprescindible que conozcamos a esa persona, y que, conociéndola, nos abramos a su realidad y a sus valores, descubriendo su bondad y sus cualidades.

El conocimiento de los valores que encarna, genera una mayor atracción e interés por ella. Nos gozamos en las semejanzas que constatamos con el tú, y nos sentimos atraídos por las diferencias, por lo que él tiene y nosotros no tenemos. Nos atrae esa riqueza que nos complementa.

Cuando de esta forma se establece una relación donde confluyen la admiración por el tú, el anhelo de estar cerca de esa persona, la atracción por ella, en una palabra, cuando se genera una relación de amor personal, entonces ese mismo amor nos mueve a conocerla aún más. Cuando amamos a alguien, decimos: "yo lo conozco", y con ello describimos nuestra relación profunda con él. En este sentido, el amor, más que cegarnos ("el amor es ciego") nos hace "clarividentes".

Llegar a conocer verdaderamente a María no es sólo producto de nuestra dedicación y esfuerzo. Es un regalo de Dios, un don de su gracia. María, más que cualquier otra criatura, es un misterio, y un misterio sobrenatural, que sobrepasa las capacidades de nuestra razón. A ella la conocemos por la fe. Por eso debemos pedir al Señor que nos la muestre, que nos dé a conocer su "obra maestra" y que el Espíritu Santo nos permita descubrir toda su riqueza. Y que ese mismo Espíritu nos enseñe a amarla como el Señor la amó en la tierra y la sigue amando en el cielo.

Cómo crece y se profundiza la alianza...

Si gustamos y contemplamos la verdad sobre María, esa verdad encenderá nuestro amor por ella y lo hará cada vez más íntimo y cálido. Por eso el P. Kentenich nos recomienda "contemplarla a menudo". Mirarla con los ojos de la fe y mirarla con los ojos del corazón, para exponernos a los rayos de luz que irradia su persona.

¿Cuánto nos hemos adentrado en el misterio de María? ¿Lo hemos profundizado? No se ama aquello que no se conoce... Al conocer su riqueza nos enamoramos de su persona. De la admiración surge la atracción, la alabanza y el amor. No pensemos que Dios se va a poner celoso porque amamos a María. ¿Qué puede complacer más a un artista que se reconozca su obra? Y María es la obra maestra de Dios, la cumbre de su creación, la "perla del cosmos". Según Michael Quoist, María es "su mejor invento":

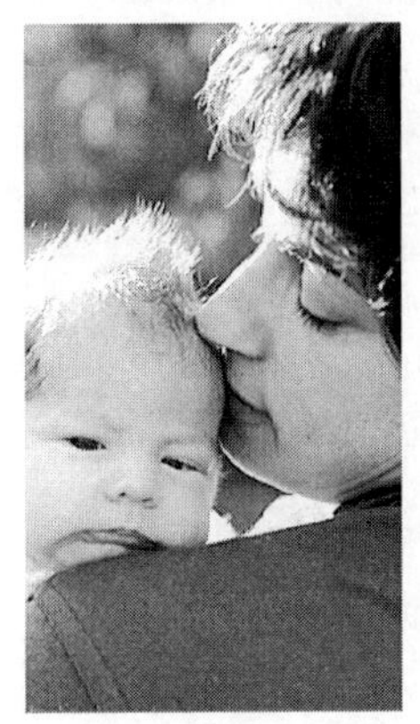

Mi mejor invento, dice Dios, es mi madre.
Me faltaba una madre y me la hice.
Hice yo a mi madre antes que ella me hiciese.
Así era más seguro.
Ahora sí que soy hombre como todos los hombres.
Ya no tengo nada que envidiarles, porque tengo
una madre, una madre de veras.
Sí, eso me faltaba.
Mi Madre es absolutamente pura y llena de gracia.
Su cuerpo es virginal y habitado de una luz tan espléndida,
que cuando yo estaba en el mundo
no me cansaba nunca de mirarla, de escucharla,
de admirarla.
¡Qué hermosa es mi madre! Tanto, que dejando las
maravillas del cielo, nunca me sentí desterrado
junto a ella.
Y fijaos si sabré yo lo que es eso de ser llevado
por los ángeles..., pues bien, eso no es nada
junto a los brazos de una madre, creedme.
Y ahora: que se aprovechen, dice Dios.

En el cielo tienen una madre que les sigue con sus ojos, con sus ojos de carne.
Y esa madre es mía. Y me mira a mí con los mismos ojos que a ellos, me ama con el mismo corazón.
¡Ah, si los hombres fueran astutos... bien se aprovecharían!
¿Cómo no se darán cuenta de que yo a ella no puedo negarle nada?
¡Qué queréis! ¡Es mi madre! Yo lo quise así.
Y bien... no me arrepiento.
Uno junto al otro, cuerpo y alma, eternamente Madre e Hijo..." [1]

1.2. Una imagen de María integral e integrada

El conocimiento que se posee de María es muy variado. Sabemos quién es: la Madre del Señor y Madre nuestra. Seguramente también poseemos una relación con ella, a veces profunda, otras más general y poco específica. Sea como fuere, Schoenstatt quiere que descubramos toda la riqueza de la Virgen María, la verdad integral sobre ella, pues queremos llegar a amarla intensamente.

Para lograrlo no necesitamos recurrir a apariciones, a milagros o a los evangelios apócrifos. Nos basta con lo que dice la Biblia y el dogma sobre ella.

En general, el conocimiento que se tiene de María es muy limitado. Se la conoce como Madre nuestra y como Inmaculada. Por cierto dos verdades centrales, pero que no tocan la raíz última de su misterio.

¿Quién es María? ¿Cuál es su papel en el orden de la redención? ¿Por qué nos ocupamos tanto de ella? ¿No es acaso Cristo más importante? ¿Qué relevancia tiene la persona de María para el tiempo actual?

La Virgen María, así lo afirman los teólogos, es el compendio vivo de nuestra fe. En ella encontramos, en forma vital, todas las verdades de la fe de modo cercano y familiar. Mirándola a ella, descubrimos a Cristo, al misterio de

[1] Michael Quoist, *Oraciones para rezar en la calle,* Ed. Sígueme, pág. 24.

la encarnación del Verbo y de nuestra redención. Ella nos abre la perspectiva del Dios uno y trino y también nos abre la puerta de la Iglesia. Es la Madre de Dios y la Madre de la Iglesia.

Cuando el P. Kentenich quiere resumir el ser y la misión de la Bendita entre todas las mujeres afirma: *María es la Compañera y Colaboradora oficial y permanente de Cristo en toda la obra de la redención.*

Para el P. Kentenich, lo que explica la persona de María, en su raíz más profunda, es su "bi-unidad" con Cristo, su relación única con él. Todo en ella está referido al Señor. Sin él, ella no sería nada. Desde su inmaculada concepción, Dios la destinó para ser la madre y la socia de Cristo Redentor. Ella le acompaña como segunda Eva y colabora con él al inicio de la redención (cuando el Verbo se hace carne en sus entrañas), en la cumbre de la redención (cuando está de pie junto a la cruz, como corredentora, uniendo su ofrenda a la suya) y en la aplicación de la redención (como reina asunta en el cielo y medianera de todas las gracias).

Todo lo que María es y hace, la tarea que recibe de Dios, se deduce de esta relación singular y única con Cristo Jesús. Su relación a Dios Padre y al Espíritu Santo, se explican por su relación con Cristo. Ella es la personificación de la Iglesia, Esposa y Madre de Cristo; es Madre de la Iglesia, porque el Señor le confió esta función; es Reina porque Cristo es Rey, es Corredentora porque sufrió junto al Redentor; es Medianera de las gracias, porque Cristo, el único Mediador, le confió esa tarea.

La verdad sobre María no es una verdad secundaria de nuestra fe: ella "sin ser el centro está en el centro" del cristianismo. Cristo es el centro, pero María es la criatura más cercana a Cristo, tanto que no podemos conocer a Cristo sin conocer a María. El Verbo se hizo carne en sus entrañas. Ella fue quien lo trajo a este mundo. Ella lo sigue dando a luz como madre de la Iglesia. Y si Cristo llegó a través de ella, él quiere que también nosotros lleguemos a él a través de ella.

Schoenstatt, como dijimos, no pretende inventar nada sobre María. No cultivamos un marianismo que construye sobre fantasías o deseos piadosos. Nos bastan las verdades de la fe. Pero no nos quedamos sólo con el conocimiento de ellas; queremos también sacar las consecuencias para la vida de la Iglesia y para nuestra propia vida personal.

La riqueza de la persona de María es inagotable: en toda nuestra vida no alcanzaremos a agotarla. Una y otra vez nos admiraremos de las maravillas que hizo el Señor en ella; con razón "todas las generaciones" la llamarán feliz, bienaventurada.

Sobrepasaría las dimensiones de este escrito extendernos mayormente sobre la imagen y misión de María. Recomendamos leer, estudiar y meditar más sobre María. No nos contentemos con un conocimiento primario sobre su persona y su lugar en el misterio de Cristo y de la Iglesia.

Mencionamos algunos de los escritos sobre María emanados del Magisterio de la Iglesia en los últimos tiempos. El Concilio Vaticano II, en la constitución sobre la Iglesia, *Lumen Gentium,* en el capítulo octavo, resume, como en ningún concilio anterior, la doctrina sobre la Virgen.

Pablo VI, aplicando esta enseñanza sobre María, publicó una exhortación apostólica que ha llegado a ser clásica, "El Culto a María" *(Marialis Cultus).* Y, posteriormente, los obispos latinoamericanos en el *Documento de Puebla,* desarrollan y aportan más elementos aún a esta riqueza mariana. Juan Pablo II, el extraordinario Papa mariano de nuestro tiempo, promulgó la encíclica *"Redemptoris Mater", La Madre del Redentor,* y un número considerable de otros escritos sobre la Virgen María.

Escritos sobre mariología, espiritualidad y pastoral mariana son innumerables. Atendiendo al objetivo de este libro, recomendamos uno que nos es más cercano por su autor, el P. Angel Strada: *María y Nosotros,* publicado en Editorial Claretiana, y que nos proporciona un compendio doctrinal sencillo y completo sobre María.

También podemos mencionar *"La Hora de María"* (que quiere dar respuesta a la pregunta del porqué somos marianos), *"María, Madre nuestra"* (que presenta la realidad de María como madre y nosotros como sus hijos), y el *"Catecismo mariano"* (de próxima aparición) todos libros publicados por Editorial Patris.

1.3. Un conocimiento personal de María

1.3.1. Personalizar la imagen de María

Más allá del conocimiento de la imagen objetiva de María, queremos llegar a un conocimiento personal o personalizado de ella. ¿Qué queremos decir con esto? Que cada uno de nosotros percibe algo de su riqueza desde su propia perspectiva. María "nos toca" en forma diversa. Cada persona capta su riqueza en forma diferente. A unos les llama más la atención su maternidad. A otros, la imagen de María que va a través de la montaña a servir a su prima Isabel. A otros, su realeza. A otros, su pureza, o bien, su fe y fidelidad incondicional al Señor, o su apertura filial ante la voluntad de Dios Padre. Captamos, desde nuestra perspectiva personal, la grandeza de María. Contemplémosla y alabemos al Señor. Hagámosla nuestra. ¿Cuál es la imagen o el rasgo de María –el P. Kentenich habla de los rayos de la gloria de María– que nos sentimos llamados a reflejar, que más nos llegan y que hacen vibrar nuestro corazón por ella?

Sobre la base de un conocimiento bíblico y dogmático, debemos alcanzar también la recepción subjetiva de la imagen de María. Ella se acerca a cada uno de nosotros de modo original y personal. ¿Cómo la percibo yo? Es importante que nos respondamos esta pregunta. Lo que cuenta en definitiva es el amor *personal* a ella.

1.3.2. Un símbolo que represente para nosotros a María

Otra forma de personalizar la imagen de María consiste en descubrir la creación como reflejo y símbolo de ella. Las ideas no logran siempre traducir en-

teramente el contenido de una verdad. Los símbolos, en cambio, nos permiten tener acceso a esa verdad en forma más intuitiva, vital y global. Así, por ejemplo, si escuchamos en el Evangelio que el Señor es la Luz del mundo, o que es el Camino, o la Vid verdadera, o la Puerta, o el Agua viva, o el Buen Pastor, esas expresiones simbólicas nos acercan más a él que una definición dogmática. O, mejor dicho, la definición doctrinal sobre Cristo, a través de esas imágenes, se nos hace más vital y cercana.

¿Nos hemos preguntado qué simboliza mejor para nosotros la persona de María? Recorramos la naturaleza: la nieve de las montañas, el agua cristalina de una fuente, las estrellas en el firmamento, la belleza de un lirio o de una piedra preciosa. Contemplemos un jardín, busquemos hasta encontrar aquello que mejor representa para nosotros lo que ella es.

No sólo la naturaleza nos habla de María, si es que sabemos desentrañar su lenguaje, también lo hacen las cosas creadas por el hombre. En la tradición de la Iglesia encontramos innumerables ejemplos: María, se nos dice, es el canal, la torre de marfil, la escalera que nos lleva al cielo; es la puerta del cielo, etc.

Para crecer en la vida de la alianza de amor, por lo tanto, es preciso que nos convirtamos en "desenterradores del tesoro" escondido en el campo, que adquiramos una visión más clara e integral de María. Y, en segundo lugar, que internalicemos esa imagen, que la hagamos nuestra y la guardemos en el fondo de nuestro corazón. No es tarea de un día o de un año. Es tarea para toda nuestra vida. *"De Maria nunquam satis"*, nunca nos saciaremos de María; ella es la obra maestra de Dios, es un tesoro inagotable.

1.3.3. Un conocimiento sapiencial de María

Al conocimiento personalizado de María pertenece también otra dimensión. Podemos conocer algo cuantitativamente o en forma científica, impersonal. Por ejemplo, podríamos tener un claro conocimiento del budismo. Incluso dictar clases sobre éste. Pero ello no quiere decir que esa doctrina nos diga algo

personalmente. Podríamos saber también mucho sobre la Sagrada Escritura y hacer exégesis de cada párrafo del Evangelio, pero otra cosa es haber penetrado "sapiencialmente", "gustativamente", las verdades que nos revela.

El P. Kentenich habla por eso de "contemplar" la imagen de María, es decir, detenernos en ella, "saborearla", acercarla a nuestro corazón. La madre "conoce" a su hijo, pero no como el médico o el sicólogo. Lo conoce con el corazón. Porque ama a su hijo, sabe de él más que nadie. El hombre moderno en cambio –y nosotros somos esos hombres modernos– en general nos contentamos con un conocimiento cuantitativo, enciclopédico e impersonal. "Sabemos mucho pero amamos demasiado poco", afirma el P. Kentenich. Se queja así de nuestra superficialidad e incapacidad de contemplar y gustar con amor la verdad. Por eso, dice, muchas veces las verdades de la fe no nos transforman; nos dejan indiferentes, no encienden nuestro corazón ni nos mueven a la acción.

Preguntas para la reflexión personal

- **¿Qué libro he leído sobre María?**
- **¿Profundizo lo que he leído? ¿Mi conocimiento sobre ella es más bien cuantitativo que cualitativo ("gustativo")?**
- **¿Nos dejamos tiempo para contemplar a María?**
- **¿Qué rasgo de su persona me llama especialmente la atención?**
- **¿Qué escena mariana del Evangelio me toca interiormente?**
- **¿Qué símbolo la representa para mí en forma particular?**

Textos del padre Kentenich

Una relación personal con Dios

¿Cómo poder desarrollar un trato sencillo y personal que nos lleve a vivir en y con Dios? Les quiero dar una respuesta popular y ustedes la pueden transmitir a quienes tengan responsabilidad de educar. Permítanme destacar lo siguiente: no hay nada tan evidente como este sencillo y constante trato con Dios; después que él ha tratado tanto con nosotros, después que él ha actuado en mis cosas con tanto amor, es en verdad un deber de educación que yo también me vuelva hacia él. Dios manifiesta constantemente su actuar bondadoso hacia mí. Por lo tanto, mi alma debiera volverse hacia Dios tal como el girasol se vuelve hacia el sol. Tal vez nuestros padres y abuelos, sin mayores estudios, usaron esta forma sencilla de hablar con Dios. Más que ir a la escuela y consultar libros de ascética, en esto tenemos que aprender sobre todo de la vida, contemplando cómo actúa la gente sencilla. Se trata de un proceso vital simple.

Este proceso se puede mirar desde tres puntos de vista: cuando contemplamos cómo es el trato de un hombre simple y corriente con Dios, observo lo siguiente: él se vuelve hacia Dios en la fe; conversa en forma íntima con el Padre Dios; le ofrece a menudo sacrificios que le cuestan. No se olviden que se trata de un proceso vital: una vez se acentúa un aspecto, otra vez, otro aspecto.

(P. Kentenich, 1937)

2. Establecer un diálogo personal con María

2.1. Un difícil trasfondo cultural

La experiencia muestra que la calidad de nuestra vida en gran parte depende del diálogo que existe en nuestras relaciones. Decimos, por ejemplo, que nuestro matrimonio "anda bien" cuando sentimos que hay comunicación, cuando se tienen momentos de comunión profundos. Decimos que "anda mal", cuando se ha hecho difícil o se ha cortado el diálogo.

Todo amor crece en el intercambio y el diálogo. Si éste no existe o se queda sólo en lo superficial, entonces el amor se va enfriando; se pierde esa "sintonía interior" que antes existía y que nos hacía sentir felices.

En el tipo de cultura que vivimos, la comunicación profunda entre las personas, es un don extraordinariamente escaso. Por cierto que no podemos quejarnos de falta de medios de comunicación: el teléfono, común o celular, el fax, el beeper, el e-mail, la Internet, la televisión, etc.. Sin embargo, la comunicación interior, el diálogo profundo, cada vez es más exiguo.

Somos hijos de nuestro tiempo. El ajetreo, el estrés, las múltiples ocupaciones y responsabilidades, el diario intercambio de informaciones (normalmente estamos al tanto de todo), nos impiden ir más a lo profundo. No cabe duda que, en general, el hombre contemporáneo es un gran solitario: un solitario en medio de la masa y del bullicio; un solitario cautivado por la pantalla del televisor o sumergido en el computador.

La disculpa normal es: “no tengo tiempo”. Habría que precisar que no nos dejamos tiempo para lo principal, pues tenemos tiempo para una infinidad de cosas secundarias. Por de pronto, para ver las noticias (más de una hora), donde hay que “tragarse” los spots publicitarios (innumerables y repetidos); hay tiempo para los partidos de fútbol, para la teleserie, para entretenernos con el “zaping”, y para tantas y tantas cosas más.

Pero no hay diálogo. Se conversa y mucho: sobre política, sobre los negocios, sobre lo que hay que hacer en casa; sobre las próximas vacaciones; sobre el apostolado, sobre lo que debemos comprar, sobre lo que le sucedió a tal o cual persona, etc. Se habla y habla, pero se dialoga muy poco.

Cuando decimos que no se dialoga, pensamos en ese saber escucharse el uno al otro; en el tratar de comprender (poniéndose en su lugar) lo que nos está tratando de decir; en ese “acoger” receptivamente lo que el otro nos quiere comunicar; en adivinar lo que quisiera decirnos. Y, por otra parte, en una voluntad positiva de abrirnos y comunicarle lo que siente nuestro corazón.

Sabemos que el diálogo no se limita a las palabras. Dialogamos con la mirada, con los gestos, con todo nuestro ser. Incluso la forma en que nos sentamos el uno frente al otro ya manifiesta una actitud de diálogo o de incomunicación.

La falta de contacto, afirmaba el P. Kentenich, es *la* gran llaga de nuestra cultura. ¿Lograremos vencer ese mal? ¿Lograremos crear una cultura de verdadera comunicación personal, donde reine la comunión de corazones, el “estar el uno en el otro”? ¿Lograremos superar el “mecanicismo separatista”, donde las personas viven yuxtapuestas, incomunicadas interiormente, donde viven la una contra la otra o ignorándose, prescindiendo del otro?

En este contexto vital hablamos de establecer un diálogo con María. La alianza de amor es un intercambio; implica esencialmente el diálogo. ¿Cómo lograrlo? No podemos prescindir de la realidad y del estilo concreto de comunicación que existe en nuestro trato con los demás. Si el diálogo no se da en nuestra vida concreta, en la relación con las personas que nos rodean, será difícil establecerlo con María. No tenemos dos sicologías ...

De allí la importancia que reviste el hecho de que nuestro diálogo en el orden superior esté de algún modo avalado y sustentado por lo que vivimos en el plano natural. Por cierto que profundizar el diálogo en el orden sobrenatural, por medio de la oración, sin duda que nos ayudará también a sanar nuestra incomunicación en el orden inferior.

2.2. Formas de diálogo con María

Así como el diálogo en la relación interpersonal ocupa un papel central como camino para expresar y cultivar el amor, de modo semejante crecemos en nuestro contacto con el mundo sobrenatural en la medida que "dialogamos" con Dios. Tal como se dan diversas formas de diálogo en el plano natural, así también se dan muchas formas de diálogo o de oración en el trato con Dios y con la Virgen María.

Suponiendo el esfuerzo por conquistar un diálogo más profundo con las personas que nos rodean, mencionaremos algunas de las posibles formas de diálogo con la santísima Virgen.

Para acercarnos interiormente a ella, no basta con que tratemos de conocerla mejor. Es preciso, al mismo tiempo, buscar el modo de entablar una relación personal con ella; de "comunicarnos" con ella a través de la oración, del rezo, de la meditación.

No nos extrañemos de que este proceso sea lento. Lo es también en el plano natural. Lo importante es ponerse en camino e implorar de Dios la gracia de un encuentro personal e íntimo con la santísima Virgen.

Tal como el conocimiento de María es un regalo de Dios, pues la conocemos en la medida de nuestra fe, de modo semejante, establecer un contacto de amor con ella es también un don de lo alto. Es el Espíritu Santo quien nos mueve interiormente a amar a María y a cultivar con ella una comunidad de corazones. Esta comunión de amor se implora, se pide, pero, al mismo tiempo, se cultiva con nuestro esfuerzo.

Condición esencial para el encuentro personal es "darse tiempo". En nuestro caso, dar tiempo a María. Darnos tiempo para estar con ella; para escuchar, para responder; para meditar en nuestro corazón sus mensajes, sus "señales", sus "visitas"; darnos tiempo para introducirla en nuestras preocupaciones, en nuestra vida concreta y en nuestro trabajo.

La Virgen María quiere acercarse a nosotros, pero es preciso "darle audiencia" y aprender a comprender su lenguaje. Dialogar con ella equivale a orar, a meditar, a "estar" con ella. Nos preguntamos, por lo tanto, qué tipos de oración existen. Estos son algunos de los tipos de oración más importantes:

2.2.1. La oración leída o recitada

Por ejemplo, el rezo del Ave María, del Rosario, de la Salve, y de tantas otras oraciones dirigidas a María. En la tradición de la Iglesia, el Ave María y el Rosario poseen un lugar destacado. El Rosario nos permite repasar interiormente todos los misterios de Cristo en unión a María. Los santos lo han practicado de modo especial y los Papas no cesan de recomendarlo al Pueblo cristiano.

2.2.2. La oración espontánea

La oración se define como una elevación del alma a Dios. Se da en forma muy simple cuando decimos algo a María, como al pasar. Es un simple ponerse en contacto y decirle lo que nos brota del corazón: en medio de nuestro trabajo, cuando llegamos o salimos de casa; cuando caminamos hacia algún lugar, en cualquier momento …

Muchas veces nuestra oración es más elocuente cuando va acompañada de gestos. Por ejemplo: hincarse o juntar las manos. Esos gestos expresan, protegen y refuerzan la actitud interior de oración.

En la oración espontánea se trata de ese sencillo *dirigirnos a ella durante el día con un gesto o una pequeña frase* de alabanza, de petición, de gratitud o de perdón. Si estamos haciendo algo, por ejemplo, elevamos nuestro corazón a ella para decirle "Madre, ayúdame" o "esto te lo regalo" o "gracias por tu bondad" o "perdona, Reina", o "mírame, Mater", lo que nos nazca del corazón. A veces, incluso, no necesitamos palabras sino una simple mirada a su imagen o un pequeño gesto de saludo.

Nuestra oración puede también consistir en encender un cirio o llevar una flor para colocarla ante su imagen. En todo esto lo que cuenta es aprender a cultivar el lenguaje del amor, tal como debiera darse entre los esposos o entre madre e hijo.

2.2.3. La oración meditada

Esta se practica cuando nos detenemos a reflexionar y contemplar algún misterio de María. Es un tipo de oración que tiende al reposo en el tú, al cultivo del afecto, a la intimidad. Esta oración meditativa puede hacerse a partir de un texto de la Biblia, de una oración escrita, de un pasaje de un libro de espiritualidad, etc. En esta línea se sitúa el tipo de meditación que pertenece al estilo propio de meditación schoenstattiano o kentenijiano. Más adelante nos referiremos a éste con mayor detalle.

2.2.4. La oración "de quietud"

Se da cuando estamos en contacto con María de corazón a corazón, sin que medien las palabras o una reflexión. Es aquel "reposo" del afecto unido a ella.

De una u otra forma, debiésemos practicar todos estos tipos de oración y otros semejantes. Lo que más importa es que cada persona vaya descubriendo *su modo* de relacionarse con la santísima Virgen.

La oración que dirigimos a María puede ser una oración de alabanza, de gratitud, de imploración o de petición de perdón. Es importante no dejar en segundo o tercer plano la oración de alabanza y de gratitud. En general practicamos casi exclusivamente la oración de petición. Sin embargo, la primera oración debiese ser más bien la de alabanza y de gratitud. En otra oración está ella en primer plano, en otros tipos de oración está nuestro yo y nuestros intereses en primer plano. Ciertamente tenemos derechos de hijo para pedir, y también tenemos mucho de lo cual pedir perdón. Pero corresponde que primero expresemos nuestro amor a María por lo que ella es en sí misma con una oración de admiración y de alabanza.

En este sentido hacemos una sugerencia: ¿no podríamos escribir una "letanía de gratitud" a María? Escribamos en nuestro cuaderno personal todo lo que queremos agradecerle. Podemos hacerlo a modo de un salmo, con estribillo o antífona adecuada. Cada cierto tiempo podemos agregar nuevos motivos de gratitud. Practicar el agradecimiento nos permitirá vivenciar mejor cómo María se preocupa de nosotros y cuántas cosas nos regala.

2.2.5. La meditación de la vida

Este tipo de oración consiste básicamente en dejarse un tiempo más largo para revisar el día con el Señor o con María, descubriendo su presencia y sus deseos a través de los acontecimientos.[2]

La "revisión de vida" o, como la llama el P. Kentenich, "meditación de la vida", es muy simple. Para realizarla, elegimos, de acuerdo a nuestra naturaleza y al ritmo de nuestra vida, un tiempo especialmente adecuado. Normalmente al inicio o al término del día. En un lugar donde no seamos perturbados (si no podemos hacerlo en nuestra propia casa, tratamos de buscar otro lugar: una iglesia, el santuario o algún sitio tranquilo).

Invocamos entonces al Espíritu Santo para que él nos ilumine y nos conceda ver nuestra vida con los ojos de Dios. Nos dirigimos a María pidiendo que ella esté con nosotros, pues queremos repasar con ella, en oración, lo que hemos vivido.

2 Consultar de P. Humberto Anwandter, *La Meditación de la vida,* Cuadernos Patris n. 4, Ed. Patris, y *Cómo meditar,* P. R. Fernández, Ed. Patris.

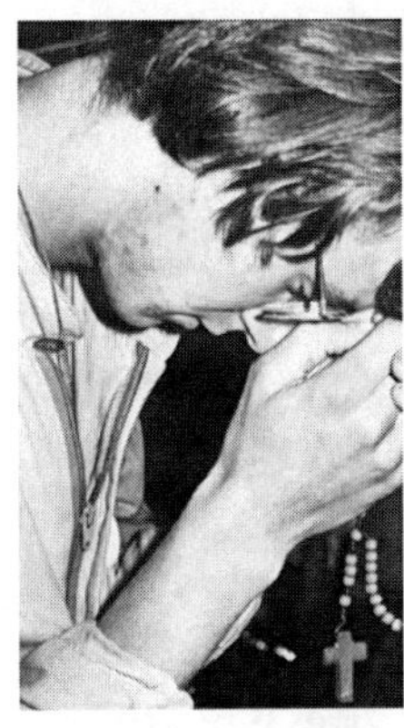

Luego hacemos un breve recuento de los hechos más importantes (diarios, semanales, o de un lapso de tiempo mayor), tanto positivos como negativos. De éstos elegimos alguno que nos toque en especial. Nos preguntamos, entonces, qué nos quiere decir Dios con ese hecho, recordando cómo María "guardaba todas estas cosas y las meditaba en su corazón" (Lc 2,19).

De acuerdo al acontecimiento que meditamos, será a veces necesario una mayor reflexión; otras, simplemente nos quedaremos profundizando un afecto de gratitud o de petición de perdón, etc.

Si nos resulta difícil concentrarnos, podemos recurrir a la meditación escrita, dirigiéndonos a María como si le estuviésemos escribiendo una carta.

Al terminar la meditación, recapitulamos brevemente lo meditado. Vemos si procede sacar de ello alguna aplicación concreta o propósito para el día siguiente. Si es el caso lo hacemos. Pero no es necesario, bastaría con renovar y unir lo meditado a nuestro ideal personal o propósito particular.

No debemos complicarnos en discernir si nuestra oración debe dirigirse a Dios Padre, a Cristo o a María. Podemos dirigirnos a Dios con María, o a ella directamente y en ella al Señor. Esto depende del estado en que nos encontramos o simplemente de lo que el Espíritu Santo pone en nuestra alma. Normalmente en una etapa de preparación a la alianza de amor con María, será adecuado dirigirnos conscientemente a ella.

Es conveniente destacar en este contexto la importancia que reviste para la oración y, en particular, para la oración meditativa, el condicionamiento físico. A saber, el lugar y la hora en que rezamos o meditamos. El ambiente exterior, las actitudes y posición que adoptemos, favorecen o dificultan nuestro diálogo con Dios.

Cómo crece y se profundiza la alianza...

Será difícil rezar, por ejemplo, si está encendida la televisión o si estamos "muertos de cansancio".

El hábito de meditar –como todos los hábitos– se conquista poco a poco. "A caminar se aprende caminando", a orar, orando, a meditar, meditando.

Mucho facilita el encuentro con el Señor y con la Virgen tener en el propio dormitorio o lugar de trabajo, un pequeño "rincón de María", donde se encuentre una imagen suya, un crucifijo y otros símbolos que nos pongan en ambiente y faciliten nuestro contacto con Dios. Nunca olvidemos que somos de carne y hueso. No somos ni espíritu puro ni ángeles. Solemos olvidar esta verdad en nuestro contacto con el mundo sobrenatural.

Preguntas para la reflexión personal

- ¿Cuál es la calidad de mi diálogo con las personas que normalmente trato?
- ¿Qué lo facilita? ¿Qué lo dificulta?
- ¿Qué oración mariana rezo con especial agrado?
- ¿He rezado el rosario?
  ¿Qué ha significado para mí hacerlo?
- ¿Suelo dirigirme a la Virgen durante el día en forma espontánea?
- ¿He practicado la meditación de la vida?
- ¿Me he quedado mirando alguna vez con tranquilidad la imagen de María?
- ¿Practico una oración personal, hecha por mí, o más bien sólo leo oraciones escritas por otros?
- ¿Podría hacer una oración personal encomendándome a María y ofreciéndole algo a ella? ¿Puedo escribir esa oración y rezarla cada día?

Textos del padre Kentenich

Una triunidad de amor

El amor cristiano al prójimo tiende siempre a la biunidad de almas, a la unión de corazón entre persona y persona, sin perder, por ello, la vinculación a Dios. Por consiguiente, encierra siempre una santa triunidad: unidad entre el yo y el tú humano y entre el tú humano y el tú divino ... Al alcanzar un grado superior, esta unidad contempla un "con", un "por" y un "en" respecto al tú personal, en cuanto éste es símbolo y transparente del tú divino. En todas las etapas, consciente o inconsciente, latente o manifiesto, está actuando esta triunidad espiritual que jamás aparta al tú humano de su relación a Dios. (...)

Las personas que nunca han experimentado esta triunidad espiritual, o al menos no lo han logrado en el plano humano, con la suficiente profundidad, difícilmente comprenderán la tri-unidad existente entre su persona, María y Cristo. Les falta la experiencia. Les falta el nexo, el puente de asociación. Por eso no saben qué hacer con la ley de la transferencia de afectos. Con gran frecuencia su vida sobrenatural queda desprovista de riqueza porque sufrieron una carencia espiritual en el orden natural. Doblemente valen para ellos las palabras de San Juan: "Quien no ama, permanece en la muerte" (1Jn 3,14).

(P. Kentenich, 1952)

3. Probar con hechos nuestro amor a María

3.1. Consideración general

La Alianza de Amor crece y se profundiza en la medida que contemplamos la imagen de María y profundizamos el diálogo con ella. Crece, además, cuando expresamos por hechos nuestro amor a ella. Una de las experiencias primarias del amor es descubrir que cuando amamos verdaderamente a alguien, ese amor nos hace salir de nosotros mismos. Se produce entonces una especie de éxtasis que nos lleva a salir del encierro de nuestro yo. Somos impulsados desde dentro a demostrar ese amor a la persona amada. Olvidando nuestros propios deseos e intereses, los postergamos para centrarnos en el tú, en lo que a éste le agrada o necesita. El amor tiende intrínsecamente a probarse en la donación de nosotros mismos y en la voluntad de agradar al tú.

Y no podría ser de otra forma, ya que fuimos hechos a imagen y semejanza de Dios, que es el misterio de una infinita donación mutua entre el Padre, el Hijo y el Espíritu Santo. Ese mismo amor intratrinitario se desborda hacia nosotros en la creación y llega a su máxima expresión en el envío del Verbo de Dios al mundo: "Tanto amó Dios al mundo que le entregó su Hijo Unigénito" (Jn 3,16). El amor que Cristo nos entrega es un amor que se demuestra: "Nadie tiene más amor que aquel que da su vida por sus amigos", dice el Señor (Jn 15,13).

Fuimos creados a semejanza de Dios: para darnos en el amor. Sin embargo, el pecado original y nuestros propios pecados han puesto una tendencia egoísta y mezquina en nuestro corazón, que nos hace difícil dejar de lado nuestro pequeño yo y que nos centra en el propio provecho y comodidad.

De allí que para abrir paso al verdadero amor deba producirse una renuncia consciente, una liberación de las múltiples ataduras que nos encierran en nuestro propio castillo. El P. Kentenich afirmaba en este sentido: "El hombre moderno es demasiado cómodo para amar de verdad... No se da el trabajo de conquistar y quiere recibir... sólo quiere gozar, gozar y gozar". Somos hijos de nuestro tiempo. Nos cuesta amar, aunque deseamos que los demás nos amen y se preocupen de nosotros. Nos cuesta practicar esas renuncias que permiten que el amor florezca.

Aquí en la tierra no se da un amor sin renuncia; todo amor verdadero necesita acrisolarse en la renuncia y en la cruz. Esa es la experiencia común de quienes aman.

Pero esa renuncia y esos sacrificios que entraña el auténtico amor, no se sienten como un peso que aplasta o agobia. El amor personal no mira en primer lugar lo que debe dejar por el tú. La renuncia y el sacrificio no es lo que está en primer plano. Está el tú, lo que éste desea, la voluntad de servirlo y agradarlo.

Cuando amamos somos capaces de hacer cualquier sacrificio por la persona que amamos. Si el amor se enfría, las renuncias se hacen pesadas y, a veces, imposibles de soportar. Por eso la prueba del amor es la capacidad de renuncia por el tú.

Lo que vale para cualquier amor humano noble, vale igualmente –y aún más– para el amor en el orden sobrenatural. Cristo nos mostró heroicamente su amor. Por nosotros, dice san Pablo, dejó la gloria que le correspondía como Dios; se revistió de nuestra naturaleza humana y se anonadó a sí mismo, haciéndose obediente hasta la muerte y una muerte de cruz (cf. Ef c.2). Se hizo pobre para que nosotros nos enriqueciéramos (cf. 2 Cor 6, 10). San Juan

en su primera epístola con razón nos amonesta diciendo: "Hijos míos, no amemos de palabra ni de boca, sino con obras y de verdad" (1 Jn 3, 18).

Schoenstatt ha querido tomar en serio esta ley: "el reino de los cielos padece violencia" (Mt 11,12). Por eso, cuando peregrinamos al santuario de Schoenstatt, nos encontramos con algo singular: detrás del santuario está "el campo de las cruces negras", las tumbas de los schoenstattianos que cayeron en la primera y segunda guerra mundial y que ofrecieron a María heroicamente su vida por la fecundidad de la Obra. En los santuarios filiales encontramos al menos una cruz o un monumento, que recuerda a José Engling, el primero que entregó su vida por Schoenstatt. En Bellavista, junto al santuario, está sepultado Mario Hiriart como testimonio de entrega heroica a María.

3.2. Las contribuciones al capital de gracias

Hemos explicado cómo Schoenstatt no surgió simplemente de una iniciativa de María. En su origen también está comprometida, en forma esencial, la cooperación humana.

El modo de "inducir", de hacerle "suave violencia" a María para que se estableciese espiritualmente en el santuario, estaba claro: había que probarle con hechos que de verdad la amábamos, entregándole "abundantes contribuciones al capital de gracias", dándole pruebas de nuestro amor.

Esta constante, que se formuló en el lema "Nada sin ti, nada sin nosotros", no sólo determinó el origen de Schoenstatt sino también su desarrollo posterior. Porque "todo reino se conserva con las mismas fuerzas que lo gestaron" (Salustio). De allí que el P. Kentenich, refiriéndose a las contribuciones al capital de gracias, en la Segunda Acta de Fundación, afirme con claridad:

> La existencia de nuestra Familia se la debemos a las contribuciones al capital de gracias de la Madre tres veces Admirable. Por esta razón

debemos mantenerlas inconmoviblemente en todo tiempo... Con las contribuciones al capital de gracias surge o cae la Familia y su fecundidad. *(Documentos de Schoenstatt, (op. cit., pág.115, n.96)*

Si el amor se fragua, crece, se prueba y acrisola en la renuncia y el sacrificio, entonces, era necesario que nuestra alianza de amor con María abarcase en forma consciente esta dimensión.

Lo que la santísima Virgen busca es el amor y éste se demuestra, a veces, más en lo pequeño e insignificante que en las grandes cosas. Esas pequeñas renuncias y regalos de amor van afianzando nuestra capacidad de amar hasta que, cuando sea el momento, nuestro amor a ella nos pida grandes renuncias y actos heroicos. Por eso el lema de los primeros tiempos de Schoenstatt: "Hacer las cosas ordinarias en forma extraordinaria" *(Ordinaria extraordinarie).* Tras esas pequeñas muestras de amor, se esconde un gran secreto: quien ama sabe dar importancia al detalle. El que no ama, desconoce esta delicadeza. Recordemos cómo alaba el Señor al siervo que supo ser fiel en lo pequeño: "¡Bien, siervo bueno y fiel. Porque has sido fiel en lo poco, te pondré al frente de lo mucho; entra en el gozo de tu Señor" (Mt 25,23). Y agrega en otro lugar: "El que es fiel en lo mínimo, lo es también en lo mucho" (Lc 16, 10).

Por esto, si queremos conquistar un amor fuerte y cálido a la santísima Virgen, tendremos que aprender el arte de demostrar nuestro amor en las pequeñas cosas. No buscamos el sacrificio por el sacrificio. Eso sería masoquismo. Se trata de una renuncia de amor y para el amor. No practicamos sacrificios que dañen o cercenen nuestra naturaleza, sino renuncias que la purifican y ennoblecen de acuerdo a la voluntad de Dios. Queremos liberarnos de lo enfermizo que hay en ella y darle alas para crecer en el amor. Renunciamos a nuestra comodidad, al activismo que nos impide dejarnos tiempo para la oración, a aquello que nos esclaviza, a nuestro apego

desordenado a bienes materiales, en fin, a todo lo que obstaculiza nuestro encuentro con Dios y con María o nuestra entrega a los hermanos y el fiel cumplimiento del deber de estado.

Las contribuciones al capital de gracias están, de este modo, estrechamente ligadas a la autoformación. Los medios ascéticos que Schoenstatt nos propone, el Horario Espiritual, el Examen Particular, etc., todo ello lo ofrecemos a María como muestra de un amor que no sólo quiere ser cálido y afectivo, sino también efectivo.

El ofrecimiento de las contribuciones al capital de gracias lo expresa el P. Kentenich en forma muy hermosa en la Consagración Matutina del *"Hacia el Padre"*:

> Cuanto llevo conmigo,
> lo que soporto,
> lo que hablo y lo que arriesgo,
> lo que pienso y lo que amo,
> los méritos que obtengo,
> lo que voy guiando y conquistando,
> lo que me hace sufrir,
> lo que me alegra,
> cuanto soy y cuanto tengo
> te lo entrego como un regalo de amor
> a la fuente santa de gracias,
> que desde el santuario brota cristalina
> para penetrar el alma
> de quienes a Schoenstatt han dado su corazón,
> y encaminar bondadosamente hasta allí
> a los que, por misericordia, tú quieras escoger;
> y para que fructifiquen las obras
> que consagramos a la santísima Trinidad. *(HP, 16)*

Si consideramos la primera parte de la oración, percibimos que no se trata de entregar a María sólo penas y esfuerzo doloroso, sino todo lo mío, también los regalos que recibo de Dios y la santísima

Virgen, que alegran mi corazón. En nuestra vida de alianza, todo lo ponemos en sus manos: lo que nos cuesta y lo que hacemos con alegría, los fracasos y los éxitos. Todo lo que vivimos durante el día, los actos de amor concretos, los entregamos a ella, lo hacemos con una palabra o un gesto, a veces en forma más puntual y específica, en forma de algún propósito; en otras ocasiones, con una intención general.

En definitiva, le entrego a María "todo cuanto soy y cuanto tengo". Lo que somos, tenemos y emprendemos, lo regalamos a María en su santuario, lo colocamos a su disposición. El capital de gracias no consiste en atesorar méritos para mí, para contar con una carta de presentación impecable, sino en regalárselo a ella:

> Te lo entrego como un regalo de amor
> a la fuente santa de gracias
> que desde el santuario brota cristalina.

La vida de nuestros santuarios, su fecundidad, porque así se estipuló el día de la fundación de Schoenstatt, depende decisivamente de nuestros aportes al capital de gracias.

Hacemos estos regalos de amor a María con una finalidad. En primer lugar, no para que "mis cosas funcionen", sino para que la santísima Virgen se sienta movida a actuar desde su santuario, para atraer desde allí a muchas personas y regalarles las gracias del cobijamiento en Dios Padre, de la transformación en Cristo y de la fecundidad apostólica. Nuestra entrega se convierte así en petición de amor. Se trata de que ella actúe como Madre que acoge, como Educadora que transforma y como Reina que envía apóstoles a ser corazón de la Iglesia y alma del mundo:

> Te lo entrego como un regalo de amor
> a la fuente santa de gracias
> que desde el santuario brota cristalina
> para penetrar el alma
> de quienes a Schoenstatt han dado su corazón
> y encaminar bondadosamente hasta allí

a los que, por misericordia, tú quieras escoger;
y para que fructifiquen las obras
que consagramos a la santísima Trinidad.

Las contribuciones al capital de gracias son nuestro secreto aporte a la vitalidad de Schoenstatt y, en este sentido, a la obra de la redención, al crecimiento del Cuerpo místico de Cristo. Dar muestras de amor a María significa, por lo tanto, asumir nuestra responsabilidad solidaria por los nuestros, por la Iglesia y por los destinos del mundo. Así como María colaboró con su ofrenda a la redención, así también nosotros colaboramos junto a ella con la obra salvadora de Cristo Jesús. ¡Nada sin ti, pero tampoco, nada sin nosotros!

Las contribuciones al capital de Gracias

Preguntas para la reflexión personal

- ¿Qué muestras de amor doy a las personas con las cuales vivo? ¿Cómo expreso mi amor por ellas?
- Si soy casado, ¿cuáles son mis muestras de amor a mi cónyuge? ¿Creo que éste está satisfecho con ello?
- ¿Qué muestras de amor he recibido yo? ¿De qué persona? ¿Cuándo? ¿Qué huella dejó eso en mi alma?
- ¿Cómo he retribuido yo las muestras de amor?
- ¿He dado pruebas de amor a María? ¿Le he ofrecido algo concreto? ¿Qué podría ofrecerle ahora?

Textos del padre Kentenich

Colocar nuevamente en primer término las contribuciones al capital de gracias de nuestra Madre tres veces Admirable. Todo lo que hemos explicado hasta aquí sobre la fe en nuestra misión divina y el sello mariano de nuestra Familia, encuentra su expresión concreta y su coronación en las contribuciones al capital de gracias de la Madre tres veces Admirable.

Es natural, por lo tanto, que esta idea haya sido de las más controvertidas en la lucha de los últimos años. Lo que nos ha permitido comprobar ampliamente su fundamento dogmático, su alcance sicológico y su utilidad pedagógica. El resultado ha sido una adhesión más consciente y un convencimiento aún más entusiasta por esta idea que ha dado tanto resultado.

Ha estado presente, desde los inicios, en la historia de nuestra Familia, en cada uno de nuestros nuevos santuarios y en toda labor schoenstattiana fructífera. En el transcurso de los años ha llegado a ser expresión de la entrega total a la Madre tres veces Admirable de Schoenstatt y de su Obra, de una eficaz y esclarecida asociación de la actividad divina y la actividad humana, de la fe en la misión sobrenatural y de una actitud profundamente mariana. Con ello, ha llegado a ser también medida para la fidelidad y disponibilidad eficaz de cada miembro de la familia.

(P. Kentenich, 1939)

Textos del padre Kentenich

Nada sin nosotros

Otros lugares de peregrinación son un libre regalo de la gracia divina. Puede ser que, ocultamente, hayan actuado también otros factores, pero nosotros no podemos precisarlos. Nuestro lugar de gracias, en cambio, es el resultado de un trabajo en común entre Dios y nosotros, entre la santísima Virgen y nosotros. Por eso es que nosotros –los que estamos en el Movimiento y queremos adentrarnos más profundamente en él– no podemos nunca dedicarnos a flojear. Aquí rige el permanente imperativo: ¡Cooperar! Si digo: "Nada sin nosotros", se trata de la misma idea, pero con un matiz más femenino y más gráfico. Nada debe suceder en Schoenstatt sin nosotros; es decir, la corriente de gracias no puede crecer y salir de aquí sin nosotros. Contribución al capital de gracias significa lo mismo. Todos tenemos esta tarea.

Aquí debemos romper lanzas por nuestra rama de enfermos. Los enfermos no son los miembros más inútiles del Movimiento. Mientras más religiosos lleguemos a ser, más claramente comprenderemos que, ante Dios, no importa qué cosas hacemos, sino con qué grado de amor hacemos esos actos. Si estoy enfermo y lo acepto con un alto grado de amor a Dios, ¡qué no puedo obtener con esa actitud! Siempre, naturalmente, en relación al capital de gracias, pues éste estimula al máximo nuestra actividad personal.

En el Acta de Fundación se afirma que Schoenstatt deja de ser lugar de peregrinación, deja de realizar su misión en el mundo, si cesan las contribuciones al capital de gracias, si

el que había se consume sin que se aporten nuevas contribuciones.

Una obra debe edificarse sobre la base de las mismas leyes que le dieron origen. ¡Piensen en la importancia que tiene nuestra cooperación! ¿No se entrelazan aquí en forma extraordinaria lo natural y lo sobrenatural? La corriente de gracias nos fuerza a enfrentarnos con Schoenstatt. ¿Cómo debería ser nuestra vida?: un permanente vivir para Schoenstatt. Cuando rezo, cuando trabajo, cuando hago sacrificios, cuando hago grandes esfuerzos, lo hago con la conciencia: esto es para Schoenstatt. Así se fortalece la vinculación local.

Schoenstatt vive o muere según nuestro serio esfuerzo por la santidad. Otros lugares de peregrinación existen sin esta condición. Schoenstatt, en cambio, depende de personas que realmente se esfuercen por la santidad y que unan ese esfuerzo por la santidad a nuestro santuario.

(P. José Kentenich, 1933).

Capítulo 6

La Pequeña Consagración

Aun en las tormentas y en los peligros
guardarás fidelidad perenne
a la Alianza que sellaste con nosotros
y que, con tantas gracias, tú has bendecido.

(HP, 14)

Con su amor materno cuida de los hermanos de su Hijo, que peregrinan y se debaten entre peligros y angustias y luchan contra el pecado hasta que sean llevados a la patria feliz. Por eso, la Bienaventurada Virgen en la Iglesia es invocada con los títulos de Abogada, Auxiliadora, Socorro, Mediadora. La Iglesia no duda en atribuir a María un tal oficio (de mediación) subordinado: lo experimenta continuamente y lo recomienda al corazón de los fieles para que, apoyados en esta protección maternal, se unan más íntimamente al Mediador y Salvador. (LG, n. 63)

La Pequeña Consagración

Como complemento del capítulo anterior, agregamos un corto comentario sobre la "Pequeña Consagración", oración con la cual cotidianamente renovamos nuestra alianza con María.

Oh, Señora mía,
oh, Madre mía,
yo me ofrezco todo a ti,
y en prueba de mi filial afecto
te consagro en este día,
mis ojos, mis oídos,
mi lengua, mi corazón,
en una palabra todo mi ser.
Ya que soy todo tuyo,
oh Madre de bondad,
guárdame, defiéndeme y utilízame
como instrumento y posesión tuya. Amén.

Primero algo de historia. Luego una aplicación a la vida.

1. Contexto histórico de la "Pequeña Consagración"

Muchas de las oraciones de devoción popular corresponden a tradiciones antiquísimas que se han conservado dentro de la Iglesia y cuyo origen habitualmente se desconoce, pero que han sido incorporadas y respetadas por el pueblo católico como propias. Es el caso de la Pequeña Consagración a María.

Esta oración, conocida también como *"Oh, Señora mía"*, se cree que fue compuesta alrededor del siglo XVI. En ella se expresan algunos elementos básicos de la espiritualidad mariana.

Recordemos que en el siglo XVI, Europa se encuentra en la transición entre Edad Media y Renacimiento. Es probable que, en la tradición popular, esta oración haya sido compuesta incluso antes de la época que se tiene noticia, pues recoge y da forma religiosa a una expresión característica de la sociedad feudal: el vínculo de dependencia o relación personal entre vasallo y señor. El vasallaje era el modo típico de pertenencia a la sociedad. Todos los hombres (y sus familias) pertenecían a un señor. No se trataba de una pertenencia establecida por la ley, sino basada en lo que se llamaba vínculo de dependencia.

Este vínculo consistía fundamentalmente en una adhesión mutua entre señor y vasallo sobre la base de la fidelidad y el honor. El señor se comprometía a resguardar, proteger y alimentar a su vasallo (pues era componente de su hueste), y el vasallo, a su vez, se comprometía a no tener ni servir a nadie más que a su señor, al lado de quien debía luchar.

Esta forma de relación daba origen a una unión fraterno-filial, de dependencia y de solidaridad de destinos. De la suerte que corría uno dependía la del otro. Se establecía así una forma de alianza para protegerse y defenderse mutuamente. La forma más destacada de este vínculo entre señor y vasallo era el juramento de sangre, cuando eran de alta alcurnia, por el cual ambos se comprometían a entregar la vida el uno por el otro, si era necesario.

No es extraño, entonces, encontrar en documentos de la época o en recopilaciones recogidas posteriormente, que en muchas oportunidades el vasallo antepusiera la vida de su señor a la propia. Es igualmente común reconocer la disponibilidad del vasallo para las empresas, aun las más difíciles, si ése era el querer de su señor.

En el contexto anterior podemos entender el lenguaje utilizado en la oración.

La *Pequeña Consagración* se convirtió posteriormente en la oración oficial de las Congregaciones Marianas nacidas al amparo de la Compañía de Jesús (actualmente llamadas *Comunidades de Vida Cristiana,* o, simplemente, *CVX).* Es por este camino cómo llegó a Schoenstatt. Recordemos que en el origen de Schoenstatt está la fundación de la Congregación Mariana, dependiente de Ingolstatt, en Baviera.

También otras comunidades marianas en la Iglesia rezan a menudo la Pequeña Consagración, por ejemplo, la Legión de María. Pero, como decíamos al inicio, su uso está difundido ampliamente en el pueblo católico.

En la versión española que rezamos de la *Pequeña Consagración* en Schoenstatt, se introdujo, durante el tiempo que estaba el fundador en Milwaukee y con su consentimiento, un pequeño agregado. En la versión original se dice: *"Guárdame y defiéndeme como cosa y posesión tuya".* En español decimos: *"Guárdame, defiéndeme y utilízame como instrumento y posesión tuya".* Este pequeño cambio es significativo, pues introduce en la oración el elemento misionero y apostólico. Destaca que nuestra entrega a María nos compromete con ella en la construcción del reino. No somos sólo posesión de María, sino también, expresamente, sus instrumentos. Con esto acentuamos que María posee una función activa en la economía de la salvación: ella está cooperando siempre con Cristo y por ello también quiere que los que se le entregan, trabajen con ella en la viña del Señor.

2. Nuestra vida de alianza según la Pequeña Consagración

La Pequeña Consagración, desde el inicio, se convirtió para los miembros de Schoenstatt en la forma cotidiana de renovar la alianza de amor. De algún modo, en la actualidad, prácticamente casi nos identifica como Familia. Después del Padrenuestro y del Avemaría, sin duda es la oración que más rezamos en Schoenstatt.

Por lo mismo no estamos exentos del peligro de rezar estas oraciones en forma mecánica. De allí la necesidad de meditarlas. Cada una de ellas posee un contenido objetivo, que debe internalizarse a fin de hacerlo personal. Las reflexiones siguientes quieren ser un incentivo para que personalmente cada uno lo haga a su modo.[1]

Comenzamos nuestra oración llamando a María santísima: *"Señora mía"* y *"Madre mía"*. Al decirle "Señora", reconocemos su realeza y su poder. Ella es nuestra Reina junto a Cristo Rey. Pero también es nuestra Madre, una Madre que tiene poder de Reina, porque el Señor lo ha puesto en sus manos, para que ella pueda cumplir la misión que él le confió desde lo alto de la cruz. Pero una Reina que es Madre, que está investida del poder del amor y de la misericordia.[2]

Agregamos el calificativo de *"mía"*, expresando con ello la calidez de nuestro amor filial. No decimos "Oh Madre nuestra", sino "Oh Madre *mía*", en singular, acentuando la intimidad de nuestro vínculo filial.

1 Ver P. Joaquín Alliende y P. Rafael Fernández, *La pequeña Consagración,* Editorial Patris, Chile.

2 Sobre María como reina, ver P. Kentenich y otros autores, *María Reina,* Ed. Patris. En este libro se recogen especialmente textos del P. Kentenich. Sobre María como madre, P. Rafael Fernández, *María, Madre Nuestra,* Ed. Patris.

La alianza de amor sellada con María, hace que la sintamos cercana, muy junto a nuestro corazón. Al decirle "Señora y Madre *mía*", sabemos que ella nos contempla con afecto materno y que, como respuesta, también nos dice: "Hijo *mío,* sí, yo soy tu madre y tu reina, y tú eres mi hijo querido".

Como la amamos, brota de nuestro corazón un: ***"Yo me ofrezco todo a ti"***. Es una expresión espontánea de entrega. El amor que albergamos en nuestro corazón, quiere manifestarse: nos ponemos en sus manos, cobijándonos bajo su manto.

"Yo me ofrezco", es decir, nos damos, nos regalamos, nos consagramos a ti. Con ello reiteramos nuestra pertenencia a ella. "Soy tuyo, Madre", "Soy *todo* tuyo". La alianza de amor es una mutua pertenencia del uno al otro. Somos enteramente de ella. Ella también se da a nosotros por entero. ¿Podríamos estar a mejor recaudo? Cada uno de nosotros lleva en su alma el anhelo y la necesidad de pertenecer a un tú. Por la consagración nos confesamos pertenencia de María. Somos suyos, porque nos hemos entregado libremente a ella; porque nos hemos ofrecido y regalado a ella.

El amor no se contenta con entregar una parte, sólo algo de lo propio. El amor verdadero entrega todo, se ofrece y se regala por entero: "Yo me ofrezco todo a ti". Nuestro amor filial, lleno de calidez e intimidad, de confianza y simplicidad, le pertenece a ella por entero, así como el de un niño pequeño se da todo a su madre. Al hacerlo cumplimos con la exigencia que pone el Señor: "Yo les aseguro, si no cambian y se hacen interiormente como un niño, ustedes no entrarán en el Reino de los cielos" (Mt 18:3)

Continuamos nuestra oración diciendo: ***"En prueba de mi filial afecto, te consagro en este día"***. Nuestro amor a María quiere ser, por una parte, profundamente afectivo, pero, por otra parte, también concreto y eficaz. Buscamos probar nuestro amor, demostrárselo con hechos. Nos sentimos movidos a llevar a la vida esa entrega.

No como una obligación onerosa, sino como una muestra de amor filial. No concebimos la alianza de amor con María como un trato en el cual "doy para que me des". No, es nuestro amor de hijos el que queremos manifestar.

Le decimos: ***"en este día".*** No hablamos de mañana o de un futuro indeterminado, sino de un "aquí y ahora", en este día, en nuestro quehacer cotidiano. La consagración a María santísima no es simplemente un buen deseo, pues, "de buenos deseos está tapizado el camino que conduce a la perdición". Descartamos así el autoengaño, lo que podría conducir fácilmente a una especie de beatería o de sentimentalismo mariano. Queremos darle prueba de nuestro amor *ahora,* no más tarde. Darle pruebas con nuestro comportamiento y fidelidad en este día de trabajo.

El amor es concreto, no se queda en lo general. Por eso agregamos las cosas que estamos dispuestos a consagrarle: ***"mis ojos, mis oídos, mi lengua, mi corazón".*** Es una muestra, una pequeña enumeración que quiere ser completada y detallada, hasta llegar a decir ***"en una palabra, todo mi ser".***

"Te consagro en este día *mis ojos".* ¿Qué significamos con esto? Le consagramos nuestros ojos. Nuestros ojos le pertenecen a ella. Quieren ser "ojos marianos"; nuestra mirada una "mirada mariana", digna de ella. Le manifestamos que queremos aprender a mirar como ella. En primer lugar, para ver y descubrir el paso de Dios por nuestra vida. Y para contemplar, meditándolo en el corazón, lo que aún no logramos descubrir como muestra del plan de amor que Dios tiene con nosotros. Le decimos así que queremos aprender a ver, en lo pequeño y en lo grande, la mano del Dios providente y redentor. Abrimos los ojos y con ella elevamos un canto de alabanza al Dios poderoso y misericordioso, que ha hecho también en nosotros grandes cosas.

Consagramos nuestros ojos a María, pidiéndole que nos regale una mirada pura y atenta a las necesidades de los demás. Una mirada despierta para descubrir en cada persona los dones y cualidades que Dios le ha regalado. Una mirada comprensiva e indulgente con su comportamiento negativo y sus defectos.

Si nos hemos consagrado a ella, entonces nuestra mirada no se debe detener maliciosamente en lo inconveniente o deshonesto. Que nuestra mirada no sea imprudente, intrusa, impura, amenazante o condenatoria. Que no haya malicia en nuestros ojos, tal como no la hubo en los ojos de María.

¿Es nuestra mirada una mirada mariana?

No sólo le consagramos nuestros ojos, sino también, decimos: *mis oídos.*

La imagen de María que nos revela el Evangelio es la de alguien que sabe escuchar, que pregunta. Así la vemos en la escena de la anunciación. En ella, antes del actuar, predomina el silencio, la actitud receptiva de quien guardaba todo en su corazón. María estaba atenta a la voz del Señor.

Le consagramos a la Virgen nuestros oídos, para que aprendan a escuchar su voz y la voz del Señor. Para que sepan distinguir su voz en medio de tanto ruido y tantas preocupaciones que nos distraen del querer de Dios.

¿Escuchamos las "voces del tiempo, del alma y del ser"? ¿Nos dejamos tiempo para escuchar las voces de Dios? ¿Reparamos en ellas? ¿Las escuchamos también cuando parecen contrariar lo que nosotros deseamos? María dijo a los siervos en Caná: *"Haced lo que él os diga… "*. Lo mismo nos repite ahora a nosotros …

Nuestra capacidad de escuchar y atender está tremendamente disminuida. Cuesta atender a lo que nos dicen los demás: escuchar a nuestro cónyuge, a nuestros hijos, a nuestros compañeros de trabajo, a nuestros superiores, a nuestros subordinados, a nuestros amigos … Menos aún escuchamos lo que nos dicen personas que nos son antipáticas o que tienen opiniones contrarias a las nuestras. Estamos demasiado centrados en nuestros propios intereses.

Por eso le consagramos nuestros oídos a María. Le pedimos que nos regale sus oídos, su capacidad de atender y de comprender. Que afine nuestros oídos para que escuchen en todo la voluntad y el querer del Señor. "Habla, Señor, que tu siervo escucha ..."

Le consagramos a María Virgen nuestros ojos, oídos y, agregamos, *mi lengua.* Es decir, todo lo que hablamos, y también lo que no expresamos con palabras, pero sí con gestos y actitudes.

Las palabras de María que nos ha legado el Evangelio son pocas –esto ya dice mucho– pero están llenas de sentido. Palabras que determinaron la historia: *"He aquí la sierva del Señor, que se haga en mí según tu palabra".* Palabras que resuenan de generación en generación: *"Mi alma glorifica al Señor", "Mi espíritu salta de gozo en Dios mi Salvador".* Palabras que nos han transmitido su voluntad: *"Hagan lo que él les diga".* Palabras que ella continúa repitiendo en el cielo al interceder maternalmente por nosotros: *"No tienen vino".*

"De lo que abunda el corazón, dice el Señor, habla la boca". ¿Expresan nuestras palabras y nuestros gestos un espíritu mariano? ¿Habla María a través nuestro?

Si andamos en presencia de María –y la alianza de amor nos lleva a ello–, entonces de nuestra boca, como lo pide el apóstol Pablo, "no saldrá palabra desedificante". Si de nuestra boca salen "copuchas", comentarios livianos, grandes o pequeñas mentiras, gritos, críticas duras e injustas, palabras vulgares o hirientes, entonces quiere decir que todavía el espíritu de María no ha impregnado enteramente nuestro ser. Si he consagrado mi lengua a la Virgen, entonces ésta le pertenece. Y si le pertenece a ella, debe pronunciar las palabras que a ella le agradan.

No debiéramos acostumbrarnos al modo en que generalmente se habla. No nos mimeticemos con el ambiente chabacano que hoy reina. Creemos una atmósfera mariana en torno nuestro. Que ella llene nuestras palabras de su verdad y de su dulzura. Palabras que

no hieran ni ofendan. Que eleven y reflejen respeto y comprensión. Que proclamen y alaben al Señor tal como ella lo hizo.

¿Hemos educado marianamente nuestro modo de hablar?

Después de lo que hemos dicho a María, agregamos lo más importante que podemos consagrar a ella. Le decimos: te consagro *"mi corazón"*. Al entregarle nuestro corazón le entregamos lo más profundo e íntimo que poseemos. La historia de nuestra vida es la historia de nuestro corazón, dice el P. Kentenich. En nuestro corazón se decide nuestra felicidad o infelicidad, nuestra paz o angustia. En nuestro corazón convergen los anhelos, las penas y las alegrías; los temores y proyectos, sobre todo, las personas que amamos. Todo se lo regalamos a ella. Es lo más grande que podemos regalarle.

Por la consagración la entronizamos como reina de nuestro corazón. Le abrimos sin reservas nuestro corazón, con sus miserias y sus riquezas, para que ella lo reciba en el suyo y lo haga más puro, más cálido, más amante del Señor y de los hombres; para que en el suyo se acrisole, se limpie de sus impurezas y mezquindades; para que lo convierta en un corazón semejante al suyo. Por eso: que ella haga nuestro corazón amplio y hermoso como el suyo.

¿Guardamos repliegues de nuestro corazón que no son de María?

Le consagramos a la Virgen María nuestros ojos, nuestros oídos, nuestra lengua, nuestro corazón ... Por último, decimos: *"en una palabra, **todo mi ser**"*. Todo lo nuestro: nuestro cuerpo y nuestra alma; nuestras manos y nuestros pies; nuestros instintos; nuestra inteligencia y nuestra voluntad; nuestro trabajo y nuestro descanso; nuestras alegrías y nuestras penas; nuestra riqueza y nuestra pobreza; nuestros bienes; nuestras cosas; los seres queridos; las personas con las cuales trabajamos, las que están bajo nuestro cuidado; todo se lo consagramos a ella, todo pertenece a ella. Nuestra existencia íntegra es suya, para que siendo de ella, todo sea del Señor y en él, por el Espíritu Santo, de Dios Padre.

Preguntas para la reflexión personal

- ¿Qué eco despierta en mí esta oración? ¿En qué interpreta más mi propio sentir?
- ¿Cómo aplico a mi persona la consagración a María de mis ojos, oídos, lengua, corazón?
- ¿Qué otras cosas quisiera consagrar también yo especialmente a María?
- ¿Qué significa para mí ser posesión de María santísima?
- ¿En qué me siento instrumento suyo?

Nos hemos consagrado a María, a quien es *"Madre de bondad"*, Reina de misericordia y refugio de los pecadores. Por eso agregamos ahora: ***"guárdame, defiéndeme** y utilízame como instrumento y posesión tuya"*. Estamos amenazados por enemigos que están dentro de nosotros –nuestros instintos desordenados, nuestra comodidad, nuestro egoísmo y tantos otros–, y, además, contamos con enemigos que nos amenazan desde fuera: la seducción de un mundo sin Dios, el poder, las cosas materiales, y no en último término el demonio. Por eso pedimos a María que nos resguarde, que no permita que caigamos en tentación, que nos defienda del maligno y extienda sobre nosotros su manto protector. Sabemos que "un hijo de María jamás perecerá": por eso no nos angustiamos ni atemorizamos, sabemos a quién nos hemos entregado. Contando con ella nos sentimos seguros.

"Utilízanos como instrumento y posesión tuya". Si somos posesión suya, entonces ella puede valerse de nosotros para lo que desee. Puede trabajar con nosotros en la viña del Señor, en cosas simples y cotidianas o en cosas difíciles y riesgosas. Por la consagración nos ponemos al servicio de María y del Señor. Queremos ser para ella un instrumento dócil y dispuesto, que sabe posponer proyectos o necesidades a lo que ella nos pide.

Estamos consagrados a María, marcados con su sello. Nos hemos entregado libremente a ella, ésa es nuestra gloria y nuestro mejor seguro de vida.

Textos del padre Kentenich

María nos lleva en su corazón

No le somos indiferentes a la santísima Virgen, como no lo éramos tampoco cuando peregrinaba en este mundo en su carne mortal; cuando cruzó de prisa las montañas para ayudar a su prima Isabel en el alumbramiento de san Juan Bautista; cuando sacó de apuros a los novios en las Bodas de Caná, apelando al poder de hacer milagros de su Hijo; cuando aceptó, por amor a nosotros, que la espada atravesara su corazón, sometiéndose a privaciones de toda clase y, ante todo, ofreciendo al pie de la cruz a su Hijo Unigénito al Padre Celestial, también por amor a nosotros y por nuestra redención.

Ella nos lleva en el fondo de su corazón. Y jamás nos expulsa de él, ni siquiera cuando amontonamos pecados tras pecados. Para ella no valen palabras como: "¡Apártate de mí, sal de mi presencia!", tan frecuentes entre los seres humanos que sólo se aman superficialmente. No ocurre así con la santísima Virgen. Todo su amor y sus pensamientos están dirigidos constantemente hacia nosotros. Todos sus desvelos son para nosotros. Todo lo que durante su vida era y hacía para el Señor, lo es y hace hoy y hasta el fin de los tiempos, por todos sus hijos. Nunca aparta su vista de nosotros. Sabe de todas nuestras necesidades, de las grandes y de las pequeñas. Las tiene presentes y las pone ante el Señor y ante el Padre celestial. No se cansa de repetir, día tras día y hora tras hora: "Señor, no tienen vino"... "Les falta el vino del cobijamiento aquí en la tierra; el de estar libre de las

fuertes tentaciones; el de la paz interior; el de la fidelidad a Dios y sus mandamientos; el del temor reverencial y del amor de Dios". Esto es lo que ella dice constantemente. Lo hace también cuando parece apartarse de nosotros; cuando calla, cuando el cielo no se abre ante nuestras súplicas y no parece interesarse por nuestras preocupaciones y necesidades; cuando no obtenemos respuesta de lo alto, cuando no hay ninguna estrella que ilumine las oscuridades de esta época y no aparece ninguna ayuda. Esto nos lo dice claramente por medio de los niños de La Sallette: "Rezo sin cesar por ustedes".

Es bueno que llame una vez más nuestra atención el cuidado que la santísima Virgen pone en todo tiempo -y también en las horas más oscuras de nuestra vida- en el desempeño de su oficio maternal respecto de nosotros y que le fue solemnemente encomendado. En realidad, es demasiado grande el peligro de que, en medio de la lucha por la existencia, en la dura batalla por el pan y el bienestar de cada día, en medio de la lucha por la existencia económica y en las turbulentas dificultades espirituales de la vida actual, nos olvidemos por completo de la santísima Virgen y de sus delicados cuidados por nosotros. Es grande el peligro de que escuchemos las palabras del Señor, "He ahí a tu Madre", pero que, en la práctica, no sepamos qué hacer con ellas, ni tengamos conciencia de que tienen tanta validez hoy día, como cuando fueron pronunciadas por primera vez.

Textos del padre Kentenich

¡Qué paz interior nos trae el hecho de oír de sus propios labios esas dichosas palabras: "¡He ahí a tu Madre!". Ese es el lenguaje que nos habla por medio de Catalina Labouré. A través de ella nos hace saber que dejamos de recibir las muchas gracias que nos son otorgadas por su intermedio, porque no se las pedimos. Escuchemos atentamente y meditemos las palabras textuales: "Estas piedras preciosas son las gracias que nadie me pide". No dice simplemente: que nadie pide. No es posible destacar más claramente su propia persona, su tarea y su interés por nosotros.

(P. Kentenich, Pláticas de Cuaresma, Milwaukee, 1964)

Capítulo 7

Perspectiva bíblica y sacramental de la alianza

Creo firmemente que nunca perecerá
quien permanece fiel a su Alianza de Amor.

(HP, 534)

Esta maternidad de María perdura sin cesar en la economía de la gracia, desde el momento en que prestó fiel asentimiento en la Anunciación, y lo mantuvo sin vacilación al pie de la Cruz, hasta la consumación perfecta de todos los elegidos. Pues una vez recibida en los cielos, no dejó su oficio salvador, sino que continúa alcanzándonos por su múltiple intercesión los dones de la eterna salvación. (LG, n. 63)

1. La alianza en la Biblia

La alianza que sellamos con María en su santuario es una concreción original de la alianza que Dios contrajo con el Pueblo de Israel en el Antiguo Testamento y que Cristo Jesús selló en forma definitiva y perfecta en la Nueva Alianza. El tema de la alianza atraviesa toda la historia de salvación, constituyendo la trama central de la Biblia.

La alianza de amor con María en su santuario de Schoenstatt, echa sus raíces y adquiere su pleno sentido sólo en relación con la nueva alianza sellada por Cristo en la cruz. La alianza de amor de Schoenstatt no es un "invento" del P. Kentenich. Dice el padre fundador:

> La alianza de amor con la santísima Virgen, así como se ha desarrollado históricamente y como se ha proyectado, es para nosotros una profunda *renovación, consolidación y garantía* de la alianza bautismal, esto es, de la alianza con Cristo y la Trinidad. Cada consagración y cada alianza que expresamos y renovamos en ella, significa, según nuestro pensar y querer, una nueva decisión, libremente querida y elegida por Cristo: por su persona, por sus intereses y por su Reino.[1]

A lo largo de lo expuesto en los capítulos anteriores constantemente hemos hecho referencia a este trasfondo bíblico. Sin embargo, nos parece adecuado dedicar un último capítulo a una presentación más directa y global sobre la alianza en la Escritura, para destacar con ello que la alianza de amor en Schoenstatt debe ser comprendida a esta luz. Para quien ha leído los capítulos anteriores resultará fácil mirar ahora, desde la Biblia, lo que hemos llamado el corazón de Schoenstatt.

[1] P. José Kentenich, *Alianza de Amor,* Ed. Patris, Bs. Aires, 1979, p. 36.

Dado que el tema de la alianza en la Escritura es muy extenso y que son muchos los libros que lo tratan, nos limitamos aquí sólo a hacer algunas referencias básicas al respecto.[2]

1.1. La alianza en el Antiguo Testamento

Dios quiere llevar a los hombres a una vida de comunión con él. Esta idea, fundamental para la doctrina de la salvación, es la que expresa el tema de la alianza. En el Antiguo Testamento dirige todo el pensamiento. En él se percibe igualmente cómo la alianza se va profundizando con el tiempo. En el Nuevo Testamento adquiere una plenitud sin igual, pues alcanza su culminación definitiva en el misterio de Jesucristo.

La experiencia humana de la alianza

La alianza se refiere primariamente a una experiencia social. Las personas se ligan entre sí por medio de pactos y contratos. Acuerdos entre grupos o individuos que quieren prestarse ayuda: son las alianzas de paz (Gn 14, 13; 21, 22 ss.; 26, 28; 31, 43 ss.; 1 Re 5, 26), las alianzas de hermanos (Am 1, 9), los pactos de amistad (1 Sa 23, 18), e incluso el matrimonio (Mal 2, 14). Tratados desiguales, en que el poderoso promete su protección al débil, mientras que éste se compromete a servirle. El antiguo Oriente practicaba corrientemente estos pactos de vasallaje, y la historia bíblica ofrece diversos ejemplos de ellos (Jos 9, 11-15; 1 Sa 11, 1; 2 Sa 3, 12 ss.). En estos casos el inferior puede solicitar la alianza; pero el poderoso la otorga según su beneplácito y dicta sus condiciones (cf. Ez 17, 13 s.). La conclusión del pacto se hace según un ritual consagrado por el uso. Las partes se comprometen con juramento. Se cortan animales en dos y se pasa por entre los trozos pronunciando imprecaciones contra los eventuales transgresores (cf. Jer 34, 18). Finalmente, se establece un memorial: se planta un árbol o se erige una piedra, que en adelante serán los testigos del pacto (Gn 21, 33; 31, 48 ss.). Tal es la experiencia fundamental, a partir de la cual Israel se representó sus relaciones con Dios.

[2] La exposición que sigue se basa en el artículo "Alianza" del *Vocabulario de Teología bíblica,* de León Difour, Ed. Herder.

Los primeros pasos en la alianza

Cuando leemos la Sagrada Escritura y consideramos la trama central de la historia de salvación, rápidamente percibimos que el hilo conductor de la misma es el tema de la alianza. Yahvéh se acerca a Israel para sellar una alianza con él. Es Dios quien toma la iniciativa. Es él quien se acerca y busca caminos para rescatar al pueblo de Israel de la esclavitud y hacer de ese pueblo, *su* pueblo.

La reflexión de la historia de Israel muestra los primeros pasos de la alianza ya a partir de la creación de Adán y Eva en el paraíso. Allí se muestra la amistad que dominaba la relación primera entre Dios y el hombre. Sin embargo, éste termina desobedeciendo a Dios y rompiendo el vínculo primitivo con él. A la serpiente, que había tentado a Eva, Dios le dice:

> Pondré enemistad entre ti y la mujer, entre tu linaje y su linaje: él te pisará la cabeza mientras acechas tú su calcañar. *(Gn 3, 15)*

Esta ya es una alusión que mira el futuro de lo que será la Nueva Alianza. Por eso a este pasaje se le llama "protoevangelio", es decir, "evangelio en germen" o semilla.

El arco iris, signo de la alianza

Otro hito importante de la historia de la salvación está señalado por el diluvio y Noé, por quien Dios salva a una parte de la humanidad y le promete una alianza eterna, cuyo signo es el arcoiris.

> Dijo Dios: "Esta es la señal de la alianza que para las generaciones perpetuas pongo entre yo y vosotros y toda alma viviente que os acompaña: Pongo mi *arco iris* en las nubes y *servirá de señal de la alianza entre yo y la tierra.* Cuando yo anuble de nubes la tierra, entonces se verá el *arco* en las nubes, y me acordaré de la alianza que media entre yo y vosotros y toda alma viviente, toda carne, y no habrá más aguas diluviales para exterminar toda carne. Pues en cuanto esté el *arco* en las nubes, *yo lo veré para recordar la alianza perpetua entre Dios y toda alma viviente, toda carne que existe sobre la tierra.* Y dijo Dios a

Noé: “Esta es la señal de la alianza que he establecido entre yo y toda carne que existe sobre la tierra. *(Gn 9, 12-17)*

La historia de salvación continúa en la persona de Abraham, a quien Dios llama a salir de su tierra para constituirlo padre de un pueblo numeroso como las arenas del mar y las estrellas del cielo (cf Gen. 13,15). Abraham creyó en el llamado de Dios y fue capaz de superar la prueba más difícil que éste podía ponerle: sacrificar a su propio hijo, a Isaac, el hijo de la promesa. Abraham, padre de nuestra fe, no dudó en seguir lo que Dios le pedía. Sin embargo, Dios lo que pretendía era sólo poner a prueba su entrega y obediencia.

El pacto del Sinaí

La descendencia de Abraham conforma el pueblo elegido por Yahvéh para sellar con él, solemnemente, la alianza en el monte Sinaí. Lo hace a través de Moisés. El Pueblo de Dios se encontraba esclavo en Egipto. Moisés intenta liberarlo, pero su pueblo lo rechaza. Entonces determina irse al desierto. Pero Dios lo ha elegido. Lo que no pudo hacer por sus propias fuerzas, lo haría en virtud de que Dios estaba con él.

En la visión de la zarza ardiente, Yahvéh reveló a Moisés a un mismo tiempo su nombre y su designio para con Israel: él quiere libertar a Israel de Egipto, para asentarlo en la tierra prometida, en Canaán (Ex 3, 7-10), pues Israel es “su pueblo” (3,10), al que quiso darle la tierra prometida a sus padres (cf. Gen. 12,7; 13,15). Israel es objeto de elección y depositario de la promesa por parte de Dios.

Una vez sacado el pueblo del país del faraón, Yahvéh sella solemnemente con Moisés y, a través de él, con su pueblo, la alianza en el monte Sinaí. Esta alianza, momento capital en el designio de Dios, domina toda la evolución futura de la salvación.

En el Sinaí, el pueblo libertado entró en alianza con Yahvéh y así fue como el culto de Yahvéh vino a ser su religión nacional. Evidentemente, la alianza en cuestión no es un pacto entre iguales; es análoga a los tratados de vasallaje: Yahvéh decide con soberana libertad otorgar su alianza a Israel y él mismo dicta sus condiciones. Sin embargo, la alianza sinaítica, dado que es cosa de Dios, es de un orden particular: de golpe revela un aspecto esencial del designio divino.

Ahora, una vez alcanzado este punto, puede ya Dios revelar su designio de alianza: "Si escucháis mi voz y observáis mi alianza, seréis mi propiedad entre todos los pueblos; porque mía es toda la tierra, pero vosotros seréis para mí un reino de sacerdotes y una nación consagrada" (Ex 19, 5 s.).

Estas palabras subrayan la gratuidad de la elección divina: Dios escogió a Israel sin méritos por su parte (Dt 9, 4 ss.), porque lo ama y quería mantener el juramento hecho a sus padres (Dt 7, 8 ss.). Habiéndolo separado de las naciones paganas, se lo reserva exclusivamente: Israel será su pueblo, le servirá con su culto, vendrá a ser su reino.

Por su parte, Yahvéh le garantiza ayuda y protección: ¿no lo había ya llevado en tiempos del éxodo "sobre alas de águila y traído a sí" (Ex 19, 4)? Y ahora, frente al porvenir, le renueva sus promesas: el ángel de Yahvéh caminará delante de él para facilitarle la conquista de la tierra prometida; allí le colmará Dios de sus bendiciones y le garantizará la vida y la paz (Ex 23, 20-31). La alianza, momento capital en el designio de Dios, domina así toda la evolución futura, cuyos detalles, sin embargo, no se revelan totalmente desde el comienzo.

Las cláusulas de la alianza

Dios, al otorgar su alianza a Israel y hacerle promesas, le impone también condiciones que Israel deberá observar. Los relatos que se entrelazan en el Pentateuco (es decir, en los cinco primeros libros de la Biblia) ofrecen varias formulaciones de estas cláusulas que reglamentan el pacto y constituyen la ley.

La alianza del Sinaí revela en forma definitiva un aspecto esencial del designio de salvación: Dios quiere asociarse a los hombres haciendo de ellos una comunidad cultual entregada a su servicio, regida por su ley (los diez man-

damientos), depositaria de sus promesas. En el Sinaí comienza la realización, pero en diversos aspectos queda todavía ambigua e imperfecta. En el Nuevo Testamento se realizará en su plenitud este proyecto divino a través de Cristo, quién, por su muerte en la cruz y por su resurrección, sella la Nueva Alianza y la lleva a su culminación.

Profundización de la alianza a través de los profetas

El mensaje de los profetas constantemente se refiere a la alianza. La Escritura –siguiendo la trama de la alianza en el Antiguo Testamento– en los libros proféticos –Isaías, Ezequiel, Oseas, etc.– profundiza este tema. Los profetas denuncian unánimemente la infidelidad de Israel a Dios. Las catástrofes que anuncian al pueblo pecador, se refieren al hecho que éste ha roto la alianza, a que no ha sido fiel en guardarla.

Si los profetas denuncian unánimemente la infidelidad de Israel a Dios, si anuncian las catástrofes que amenazan al pueblo pecador, lo hacen en función del pacto del Sinaí, de sus exigencias y de los castigos que formaban parte de su tenor.

Los profetas, para conservar viva en el pueblo la conciencia de la alianza, hacen ver en ella nuevas dimensiones. Si originariamente se presentaba la alianza en sus aspectos de orden más bien jurídico (como un contrato o un pacto), los profetas la enriquecen con notas afectivas, buscando en la experiencia humana analogías que expliquen las relaciones mutuas –la alianza– de Yahvéh con su pueblo.

Así hablan, por ejemplo, de Yahvéh como el pastor y del pueblo como su rebaño; Yahvéh es el viñador e Israel su viña; Yahvéh es su padre e Israel su hijo; Yahvéh es el esposo e Israel su esposa.

Estas imágenes, sobre todo la última, hacen aparecer la alianza del Sinaí como un asunto de amor (cf. Ez 16, 6-14): amor que proviene gratuitamente de Dios, quien reclama por su parte un amor que se traduzca en entrega, fidelidad y obediencia.

En el Deuteronomio –libro redactado después de los profetas– se recoge el fruto de esta profundización: si se recuerda sin cesar las exigencias, las promesas y las amenazas ante la ruptura de la alianza, todo ello es para subrayar mejor el amor de Dios (Dt 4, 37; 7,8; 10, 5), que aguarda el amor de Israel (Dt 6, 5; 10, 12 s; 11,1). Tal es el fondo sobre el que se destaca la formulación central de la alianza: "Vosotros sois mi pueblo y yo soy vuestro Dios".

Ruptura de la alianza

Yahvéh cumplió sus promesas, pero por romper el pueblo la alianza, debe sufrir las consecuencias: la ruina de Jerusalén y el exilio del pueblo a Babilonia. Todo lo cual debía conducirlo a su conversión.

Volviendo la mirada hacia el porvenir, los profetas presentaron en su conjunto el drama que se cernía en torno al pueblo de Dios. A consecuencia de la infidelidad de Israel (Jer 22, 9), el antiguo pacto o alianza quedó roto (Jer 31, 32), como un matrimonio que se deshace a causa de los adulterios de la esposa (Os 2, 4; Ez 16, 15-43). Dios no ha tomado la iniciativa de esta ruptura, pero saca las consecuencias de ella. Israel sufrirá en su historia el justo castigo de su infidelidad. Tal será el sentido de sus pruebas: la ruina de Jerusalén, la cautividad, la dispersión. Apartarse de Dios les lleva a quedar solos y desamparados y a caer en las manos de sus enemigos. Por decir así, se castigan por su propia mano al abandonar a Dios.

Promesa de una nueva alianza

A pesar de todo esto, el designio de alianza revelado por Dios subsiste invariable (Jer 31, 33 ss; 33, 20 ss). Al final de los tiempos habrá una alianza nueva. El profeta Oseas la evoca bajo los rasgos de nuevos esponsales que comportarán a la esposa: amor, justicia, fidelidad, conocimiento de Dios, y que restablecerán la paz entre el hombre y la creación entera (Os 2, 20-24).

El profeta Jeremías precisa que entonces serán cambiados los corazones humanos, puesto que se inscribirá en ellos la ley de Dios (Jer 31, 33 ss; 32, 37-41).

Ezequiel anuncia la conclusión de una alianza eterna, de una alianza de paz (Ez 6,26), que renovará la del Sinaí (Ez 16, 20) y la de David (Ez 34, 23 ss). Así se realizará el programa esbozado en otro tiempo: "Vosotros seréis mi pueblo y yo seré vuestro Dios" (Jer 31, 33; 32, 38; Ez 36, 28).

El "Siervo de Yahvéh", alianza de su pueblo

El mensaje de la nueva alianza anuncia que ésta asumirá los rasgos de las nupcias de Yahvéh y de la nueva Jerusalén (Is 54); alianza inquebrantable como la que Dios había jurado a Noé (Is 54, 9 s), alianza hecha de las gracias prometidas a David (Is 55, 3). Esta nueva alianza tiene por artífice al misterioso "siervo de Yahvéh", al que Dios constituye como "alianza del pueblo y luz de las naciones" (Is 42, 6; 49, 6 ss).

De esta forma la visión de la alianza se amplía magníficamente. El designio de alianza que domina toda la historia humana hallará su punto culminante al final de los tiempos. Revelado en forma imperfecta en la alianza patriarcal, mosaica, davídica, se realizará finalmente en una forma perfecta, a la vez interior y universal, por la mediación del Siervo de Yahvéh. Cierto, la historia de Israel proseguirá su curso. En consideración del pacto del Sinaí, las instituciones judías llevarán el nombre de alianza santa (Dan 11,28 ss.). Pero esta historia estará de hecho dirigida hacia el porvenir, hacia la nueva alianza, hacia el Nuevo Testamento.

1.2. La Nueva Alianza en Cristo Jesús

Cristo, alianza viva

Dios, en su infinita misericordia, más allá de la infidelidad de su pueblo, nuevamente tiende la mano al hombre prometiéndole un salvador: el Mesías. En la plenitud de los tiempos envía a su Hijo al mundo (Gál 4, 4). La segunda persona de la Trinidad, el Verbo, "se hizo carne y puso su morada entre nosotros" (Jn 1,14).

Dios viene personalmente, en Cristo Jesús, a restablecer la alianza en una altura y profundidad tal como nunca nadie podría haberlo imaginado. El Verbo, haciéndose hombre, es el Mesías Salvador. Asume la naturaleza humana, haciéndola suya. Por ser el Hijo Unigénito del Padre, une en su persona la divinidad y la humanidad en forma perfecta. Su ser Dios-Hombre es la nueva alianza personificada.

La encarnación del Verbo en las entrañas de María marca así el acontecimiento central de la historia de salvación: el desposorio de Dios con la humanidad, el Reino de los cielos que ha comenzado en la tierra. Asumiendo nuestra humanidad, Cristo se hace en todo semejante a nosotros, salvo en el pecado (cf Fil 2,7).

Cristo Jesús, alianza viva de Dios, por su unión con la naturaleza humana, se ha hecho Cabeza y hermano nuestro. Y como tal quiere y puede rescatarnos de la enemistad con Dios, en la cual nos encontrábamos sumergidos por el pecado. El es el Siervo de Yahvéh que viene como Redentor y Mesías liberador del hombre. Viene a unir en una nueva alianza, ahora perfecta y definitiva, lo que estaba separado por la infidelidad del hombre a la primera alianza.

Como nuestro Redentor, toma sobre sí nuestros pecados y los expía en nombre nuestro. Y puesto que el pecado es la expresión de la desobediencia a Dios Padre, para repararlo lleva hasta lo último su obediencia al Padre, hasta la muerte y una muerte de cruz (cf Fil 2,8). Sella así la Nueva Alianza con su sangre. Nos reconcilia con el Padre de tal modo que en él merecemos, no sólo llamarnos sino ser de verdad hijos de Dios (cf 1Jn 3,1).

Su resurrección muestra el triunfo definitivo de Dios sobre el mal y el pecado. Testifica que es Dios, el Mesías victorioso quien nos ha rescatado y nos ha merecido ser "familiares de Dios" y ya no más "extranjeros" o advenedizos (cf Ef 2, 19).

En la última Cena, el Señor, próximo a su pasión y muerte, instituye el sacramento de la Nueva Alianza: la eucaristía. Pasando el cáliz a sus discípulos

les dice: *"Este cáliz es la nueva alianza en mi sangre"* (Lc 22,20; cf 1 Cor 11, 25); *"Esta es mi sangre, la sangre de la alianza, que será derramada por una multitud"* (Mc 14, 24), *"para la remisión de los pecados"* (Mt 26, 28). La distribución del cáliz era un gesto ritual. Las palabras que Cristo pronuncia enlazan con el gesto que él está a punto de realizar: su muerte aceptada libremente por la redención de la humanidad.

En este rasgo se percibe claramente que Jesús se considera el siervo doliente anunciado por Isaías (53,11 ss) y comprende su muerte como un sacrificio expiatorio que nos trae la paz (Is 53,10). Con ello se convierte en el mediador de la alianza. La sangre que Cristo derrama recuerda que la alianza del Sinaí se había sellado con la sangre (Ex 24,8). Los sacrificios de animales son sustituidos ahora por un sacrificio nuevo, cuya sangre realiza eficazmente la unión definitiva entre Dios y los hombres, de una vez para siempre.

Así se cumple la promesa de la "nueva alianza" anunciada por Jeremías y Ezequiel: gracias a la sangre de Jesús serán cambiados los corazones humanos y se dará el Espíritu Santo. De esta forma, la muerte de Cristo, a la vez sacrificio de pascua, sacrificio de alianza y sacrificio expiatorio, lleva a su cumplimiento las figuras del Antiguo Testamento, que la esbozaban de diversas maneras. Y puesto que este acto se hará en adelante presente en un gesto ritual que Jesús ordena "rehacer en memoria suya" (1 Cor 11, 25), mediante la participación eucarístíca realizada con fe, se unirán los fieles en la forma más estrecha con el misterio de la nueva alianza y se beneficiarán así de sus gracias.

Antigua y Nueva Alianza según san Pablo

San Pablo destaca la superioridad de la nueva alianza sobre la antigua (Gál 4, 24 ss.; 2 Cor 3, 6 ss.). En la nueva alianza se quitan los pecados (Rom 11, 27); Dios habita entre los hombres (2 Cor 6, 16); cambia el corazón de los hombres y pone en ellos su espíritu (Rom 5, 5; cf. 8, 4-16). Ya no es, pues, la alianza de la letra sino la del espíritu (2 Cor 3, 6), la que aporta consigo la libertad de los hijos de Dios (Gál 4, 24-26). Alcanza tanto a las naciones como al pueblo de Israel, pues la sangre de Cristo ha rehecho la unidad del género humano (Ef 2, 12 ss.). Pablo, reasumiendo las perspectivas de las promesas proféticas, que ve cumplidas en Cristo, elabora así un cuadro general de la historia humana, en el que el tema de la alianza constituye el hilo conductor.

La antigua alianza era imperfecta, ya que se mantenía en el plano de las sombras y de las figuras, asegurando sólo imperfectamente el encuentro de los hombres con Dios. Por el contrario, la nueva es perfecta, puesto que Jesús, nuestro sumo sacerdote, nos asegura para siempre el acceso a Dios (Heb 10, 1-22). Cancelación de los pecados, unión de los hombres con Dios: tal es el resultado obtenido por Jesucristo, que "por la sangre de una alianza eterna ha venido a ser el pastor supremo de las ovejas" (Heb 13, 20).

Perspectiva escatológica de la alianza

Otros libros del Nuevo Testamento evocan los frutos de la cruz de Cristo en términos que recuerdan el tema de la alianza. Mejor que Israel en el Sinaí, nosotros hemos venido a ser "un sacerdocio regio y una nación santa" (1 Pe 2, 9; cf. Ex 19, 5 s.). Este privilegio se extiende ahora a una comunidad, de la que forman parte hombres de "toda raza, lengua, pueblo y nación" (Ap 5, 9 s.). Es cierto que aquí en la tierra la realización de la nueva alianza comporta todavía limitaciones. Hay, pues, que contemplarla en la perspectiva escatológica de la Jerusalén celestial: en esta "morada de Dios con los hombres" "ellos serán su pueblo, y él, Dios con ellos, será su Dios" (Ap 21, 3). Esta nueva alianza se consuma en las nupcias del Cordero y de la Iglesia, su esposa (Ap 21, 2, 9).

El tema de la alianza abarca así todos los temas que, del Antiguo Testamento al Nuevo Testamento, habían servido para definir las relaciones de Dios y de los hombres. Para hacer que aparezca todo su contenido, hay que hablar de filiación, de amor, de comunión. Sobre todo, hay que referirse al acto por el que Jesús fundó la nueva alianza: por el sacrificio de su cuerpo y de su sangre derramada hizo de los hombres su cuerpo. El Antiguo Testamento no conocía todavía este don de Dios; sin embargo, su historia y sus instituciones es-

bozaban oscuramente sus rasgos, puesto que allí todo concernía ya a la alianza entre Dios y los hombres.

La plenitud de la Alianza y de sus promesas se realizan en las "bodas del Cordero", en la nueva Jerusalén del cielo:

> Entonces los veinticuatro Ancianos y los cuatro Vivientes se postraron y adoraron a Dios, que está sentado en el trono, diciendo: "¡Amén! ¡Aleluya!" Y salió una voz del trono, que decía: "Alabad a nuestro Dios, todos sus siervos y los que le teméis, pequeños y grandes". Y oí el ruido de muchedumbre inmensa y como el ruido de grandes aguas y como el fragor de fuertes truenos. Y decían: "¡Aleluya! Porque ha establecido su reinado el Señor, nuestro Dios Todopoderoso. Alegrémonos y regocijémonos y démosle gloria, porque han llegado las bodas del Cordero, y su Esposa se ha engalanado y se le ha concedido vestirse de lino deslumbrante de blancura – el lino son las buenas acciones de los santos". Luego me dice: "Escribe: Dichosos los invitados al banquete de bodas del Cordero". Me dijo además: "Estas son palabras verdaderas de Dios". *(Ap 19:4-9)*

Preguntas para la reflexión personal

- ¿Considero mi vida también como historia sagrada? ¿En qué lo percibo así?
- ¿Cuáles son los hitos de esa historia sagrada?
- ¿He pensado que mi bautismo fue el momento en que Dios selló la alianza conmigo?
- ¿Vivo mi fe como una relación de alianza con Dios o más bien como afirmar verdades sobre él y cumplir normas morales?
- ¿Es mi vida religiosa algo dinámico? ¿Siento la Nueva Alianza como algo personal o la considero como algo general?

2. La Nueva Alianza y María

Finalizamos esta exposición sobre la alianza en la Biblia con una cita del P. Hernán Alessandri, quien comenta el lugar de María en la alianza sellada por Cristo Jesús:

> Cuando la Iglesia, en el Concilio Vaticano II, llegó al término de su reflexión sobre sí misma como Pueblo de la Nueva Alianza, alzó su mirada hacia María. La contempló como a su Modelo luminoso y personificado (así como Israel había convertido a la ciudad de Sión –o Jerusalén– en un símbolo del Pueblo de la Antigua alianza, personificándola y llamándola 'Hija de Sión'). La reconoció también como a su Guía, que señala el camino a seguir a todos los bautizados. A través de Paulo VI, la proclamó finalmente su Madre: porque ella se encuentra en la raíz misma de aquella alianza que es la fuente de toda vida cristiana y eclesial. Pero una Madre que, como tal, es también la Educadora de esa vida que recibimos mediante el bautismo. De igual forma, nosotros, al terminar esta reflexión acerca de nuestra vida de alianza con Dios, queremos, como lo hizo el Concilio, volvernos hacia ella.
>
> Deseamos pedir a María que ella se convierta también en nuestro modelo y guía, a lo largo de nuestro camino de alianza. Pero sobre todo, que, como 'Madre educadora de la fe' *(Puebla 290)*, eduque y desarrolle en nosotros la gracia bautismal. Y queremos hacer esto no por simple 'devoción', sino convencidos –por lo que el Concilio nos ha enseñado acerca de ella– de que así corresponde.
>
> En efecto, el amor a María no es cuestión de gusto, como tal vez pueden serlo las devociones a los santos. No se funda en sentimientos ni en preferencias subjetivas, sino en el querer de Dios, tal como él mismo lo expresó a través del excepcional lugar objetivo que dio a María en su plan de

salvación. En el fondo, tenemos el deber de amarla de un modo especialísimo, porque él la amó así, colocándola en tan íntima cercanía a la vida y a la obra de su Hijo, como a ninguna otra persona creada. De modo que no es posible abrirse a Cristo –aceptándolo tal como Dios quiso que fuese su historia concreta– si lo separamos de María. Las vidas de ambos, de acuerdo al plan de Dios, son inseparables.

Además, según ese plan, María es nuestra Madre. No tenemos, por lo tanto, frente a ella la misma libertad de que gozamos frente a los santos, para decidir si los convertimos o no en especiales amigos nuestros. Tal libertad procede frente a los hermanos. Nada nos obliga a hacer de alguno de ellos nuestro apoyo o confidente favorito. En cambio, a la madre, todos los hijos tienen el deber de amarla. Sobre todo si se trata de una Madre como María, que Dios nos preparó con tanta ternura y que nos dejó como su más preciada herencia en el mismo momento en que culminaba su entrega de amor por nosotros: en la cruz *(Jn 19, 25-27)*. Sólo mirando a María a la luz de la Nueva Alianza que Cristo venía a establecer entre Dios y los hombres, podremos comprender la importancia que ella reviste para nosotros.

María fue creada por Dios para participar de un modo único en la obra redentora de Cristo. En primer lugar, porque su seno inmaculado fue escogido para ser el altar santo donde se selló la nueva y eterna alianza entre Dios y los hombres. Allí Dios se hizo definitivamente el 'Dios-con-nosotros' anunciado por Isaías *(Is 7, 14)*, y se desposó para siempre con nuestra naturaleza humana. Con ello María se convirtió, por nueve meses, en su tálamo nupcial y su santuario vivo, lugar físico de su presencia y del encuentro con él *(ver Lc 1, 39-45)*. Por eso la liturgia la alaba como 'Arca' o 'Tabernáculo' de la Nueva Alianza: considerando que en ella se ha verificado, con un realismo inesperado, todo lo que esos símbolos de la cercanía de Dios a su Pueblo habían

simbolizado y prefigurado en el Antiguo Testamento. María, en la Anunciación, se ha hecho 'el punto de enlace del cielo con la tierra' *(Puebla 301)*, la nueva 'escala de Jacob' *(ver Gén. 28, 10 ss.)*, la Casa de Dios, la Ciudad Santa sobre el monte, que resplandece llena de su luz. En ella encuentran su plena realización las más hermosas profecías que habían alentado por siglos las esperanzas de Israel.[3]

[3] P. Hernán Alessandri, *Nuestra vida de alianza con Dios*, Ed. Patris, 1983, págs.. 91-94.

3. Los sacramentos y la vida en la nueva alianza

Concluimos este capítulo con una breve referencia a los sacramentos en relación a la alianza de amor. Lo hacemos para motivar una posible reflexión y profundización de la alianza, esta vez a la luz de los sacramentos.

Por el sacramento del ***bautismo*** entramos en la nueva Alianza. Nuestra vida como cristianos no es sino el desarrollo de la alianza bautismal, la cual es alimentada e incrementada por los demás sacramentos.

La ***eucaristía*** es el memorial, el recuerdo permanente y la renovación del sacrificio que selló la nueva alianza. Participando en la eucaristía hacemos nuestra la entrega filial y heroica de Cristo a la voluntad del Padre y compartimos el pan de la palabra y el cuerpo del Señor y afianzamos nuestros lazos como miembros del nuevo pueblo de la Alianza, la Iglesia.

El ***sacramento de la reconciliación*** restablece nuestra alianza con Dios cuando ha sido manchada o rota por nuestra infidelidad y pecado. A la vez, la aquilata y la refuerza, porque estamos reconociendo nuestra pequeñez.

La ***confirmación*** nos regala una nueva plenitud del Espíritu Santo como apóstoles y pregoneros de la nueva alianza.

El ***sacramento de la unción*** nos conforta en la enfermedad y en el tránsito a la casa paterna, donde alcanzará su plenitud la alianza sellada en Cristo.

El ***sacramento del orden sacerdotal*** unge a quienes el Señor elige como ministros de la nueva alianza, especialmente en la administración del sacramento de la eucaristía y la reconciliación.

El ***sacramento del matrimonio*** es justamente el signo sensible y eficaz de la alianza o unidad de Cristo con la Iglesia, su Esposa.

Textos del Magisterio

Nuestra entrega a María

El Redentor confía María a Juan, en la medida en que confía Juan a María. A los pies de la Cruz comienza aquella especial entrega del hombre a la Madre de Cristo, que en la historia de la Iglesia se ha ejercido y expresado posteriormente de modos diversos. Cuando el mismo apóstol y evangelista, después de haber recogido las palabras dichas por Jesús en la Cruz a su Madre y a él mismo, añade: " Y desde aquella hora el discípulo la acogió en su casa " (Jn 19, 27)*. Esta afirmación quiere decir con certeza que al discípulo se atribuye el papel de hijo y que él cuidó de la Madre del Maestro amado. Y ya que María fue dada como madre personalmente a él, la afirmación indica, aunque sea indirectamente, lo que expresa la relación íntima de un hijo con la madre. Y todo esto se encierra en la palabra "entrega". La entrega es la respuesta al amor de una persona y, en concreto, al amor de la madre.*

La dimensión mariana de la vida de un discípulo de Cristo se manifiesta de modo especial precisamente mediante esta entrega filial respecto a la Madre de Dios, iniciada con el testamento del Redentor en el Gólgota. Entregándose filialmente a María, el cristiano, como el apóstol Juan, "acoge entre sus cosas propias" a la Madre de Cristo y la introduce en todo el espacio de su vida interior, es decir, en su "yo" humano y cristiano: "La acogió en su casa". Así, el cristiano trata de entrar en el radio de acción de aquella "caridad materna", con la que la Madre del Redentor "cuida de los hermanos de su Hijo", "a cuya generación y educación coopera" según la medida del don, propia de cada uno por la virtud del Espíritu de Cristo. Así se manifiesta también aquella maternidad según el espíritu, que ha llegado a ser la función de María a los pies de la Cruz y en el cenáculo.

Esta relación filial, esta entrega de un hijo a la Madre no sólo tiene su comienzo en Cristo, sino que se puede decir que definitivamente se orienta hacia él. Se puede afirmar que María sigue repitiendo a todos las mismas palabras que dijo en Caná de Galilea: " Haced lo que él os diga". (RM 46)

Madre de la Iglesia

Durante el Concilio, Pablo VI proclamó solemnemente que María es Madre de la Iglesia, es decir, "Madre de todo el pueblo de Dios, tanto de los fieles como de los pastores". Más tarde, el año 1968 en la Profesión de fe, conocida bajo el nombre de "Credo del pueblo de Dios", ratificó esta afirmación de forma aún más comprometida con las palabras "Creemos que la santísima Madre de Dios, nueva Eva, Madre de la Iglesia, continúa en el cielo su misión maternal para con los miembros de Cristo, cooperando al nacimiento y al desarrollo de la vida divina en las almas de los redimidos".

El magisterio del Concilio ha subrayado que la verdad sobre la santísima Virgen, Madre de Cristo, constituye un medio eficaz para la profundización de la verdad sobre la Iglesia. El mismo Pablo VI, tomando la palabra en relación con la Constitución Lumen Gentium, recién aprobada por el Concilio, dijo: "El conocimiento de la verdadera doctrina católica sobre María será siempre la clave para la exacta comprensión del misterio de Cristo y de la Iglesia". María está presente en la Iglesia como Madre de Cristo y, a la vez, como aquella Madre que Cristo, en el misterio de la redención, ha dado al hombre en la persona del apóstol Juan. Por consiguiente, María acoge, con su nueva maternidad en el Espíritu, a todos y a cada uno en la Iglesia, acoge también a todos y a cada uno por medio de la Iglesia. En este sentido María, Madre de la Iglesia, es también su modelo. En efecto, la Iglesia – como desea y pide Pablo VI – "encuentra en ella (María) la más auténtica forma de la perfecta imitación de Cristo". (RM:47)

Aspecto cristológico de la piedad mariana

La gran corriente vital hacia Cristo, que en la santísima Virgen fluye con una fuerza más poderosa que en cualquier otra creatura, esa corriente que en ella adquiere la fuerza de una potente cascada, debe arrastrarme también a mí. Mi amor a María debe estar enteramente traspasado por la relación a Cristo; y si no lo estuviera, entonces, quiere decir que ese amor no se ha dejado orientar por el orden de ser objetivo. (...)

No pueden imaginarse a ninguna otra creatura que haya amado al Señor con un amor tan ardiente como la santísima Virgen. Por eso, mi amor a María debe ser, en primer lugar, un amor relacionado a Cristo, debe llevarme a una intimidad con Cristo y a un estar poseído por él.

(P. Kentenich, 1950)

Textos de Pablo VI

Ante todo, es sumamente conveniente que los ejercicios de piedad a la Virgen María expresen claramente la nota trinitaria y cristológica que les es intrínseca y esencial. En efecto, el culto cristiano es por su naturaleza culto al Padre, al Hijo y al Espíritu Santo o, como se dice en la Liturgia, al Padre por Cristo en el Espíritu Santo. En esta perspectiva se extiende legítimamente, aunque de modo esencialmente diverso, en primer lugar y de modo singular a la Madre del Señor y después a los santos, en quienes la Iglesia proclama el Misterio Pascual, porque ellos han sufrido con Cristo y con él han sido glorificados. En la Virgen María todo es referido a Cristo y todo depende de él: en vistas a él, Dios Padre la eligió desde toda la eternidad como Madre toda santa y la adornó con dones del Espíritu Santo que no fueron concedidos a ningún otro. Ciertamente, la genuina piedad cristiana no ha dejado nunca de poner de relieve el vínculo indisoluble y la esencial referencia de la Virgen al Salvador Divino. Sin embargo, nos parece particularmente conforme con las tendencias espirituales de nuestra época, dominada y absorbida por la "cuestión de Cristo", que en las expresiones de culto a la Virgen se ponga en particular relieve el aspecto cristológico y se haga de manera que éstas reflejen el plan de Dios, el cual preestableció "con un único y mismo decreto el origen de María y la encarnación de la divina Sabiduría". Esto contribuirá indudablemente a hacer más sólida la piedad hacia la Madre de Jesús y a que esa misma piedad sea un instrumento eficaz para llegar al "pleno conocimiento del Hijo de Dios, hasta alcanzar la

medida de la plenitud de Cristo" (Ef. 4,13); *por otra parte, contribuirá a incrementar el culto debido a Cristo mismo, porque, según el perenne sentir de la Iglesia, confirmado de manera autorizada en nuestros días, "se atribuye al Señor lo que se ofrece como servicio a la Esclava; de este modo redunda en favor del Hijo lo que es debido a la Madre; y así recae igualmente sobre el Rey el honor rendido como humilde tributo a la Reina".*

(Paulo VI, Culto a María, 1974)

Indice general

Indice general